KB272927

대학 무상교육의 구상

진인진

대학 무상교육의 구상

초판 1쇄 발행 | 2022년 4월 25일

지은이 | 박정원
편   집 | 배원일, 김민경
발행인 | 김태진
발행처 | 진인진
등   록 | 제25100-2005-000003호
주   소 | 경기도 과천시 별양상가 1로 18 614호(별양동 과천오피스텔)
전   화 | 02-507-3077-8
팩   스 | 02-507-3079
홈페이지 | http://www.zininzin.co.kr
이메일 | pub@zininzin.co.kr

ⓒ 진인진 2022
ISBN 978-89-6347-502-8 93300

* 책값은 표지 뒤에 있습니다.

목차

들어가는 말

한국은 고등교육 이수율이 세계 최고인 국가이다. 만25-64세 기준 학사학위 소지자 비율이 32%로서, 한국보다 더 높은 국가는 아일랜드(35%)밖에 없다. 국민 3명 가운데 1명이 4년제 일반대학을 졸업했다는 말이다. 그런데 이렇게 대학진학자가 많은데도 국민 가운데 석사학위나 박사학위 소지율은 5%로서 OECD 회원국 가운데 최저수준이다. 주요국의 석박사학위 소지율은 룩셈부르크(30%), 스위스(22%), 핀란드(17%), 벨기에(18%), 스웨덴(16%), 덴마크(15%), 이탈리아(15%), 네덜란드(15%), 미국(14%), 영국(13%), 프랑스(13%), 독일(13%), 캐나다(11%) 등으로 한국보다 크게 높다. 석박사학위 소지율이 한국보다 낮은 국가는 터키(2%), 멕시코(2%), 칠레(2%), 코스타리카(3%) 외에는 없다. OECD 회원국 평균은 14%이며, 유럽연합(EU 23개국) 평균은 17%이다. (OECD, Education at a Glance 2020)

대학진학률이 세계 최고 수준인데, 대학원에 진학하여 학문을 하려는 학생이 소수에 지나지 않는 것은 정말 이상한 일이 아닌가? 혹시 학문을 내팽개친 나라인가? 학문을 하고자 대학에 진학하는 학생은 없고, 대부분 다른 목적을 위해 대학에 가고 있는 것인가? 무심히 지나칠 수도 있는 이 문제가 초중등교육부터 고등교육에 이르기까지 한국 교육이 빚어낸 온갖 모순의 결정체, 바로 그것이다. 자녀를 국제중학교에 보내려는 이유, 영재고·자사고·특목고 등에 진학하려는 이유, 거의 모든 학생이 사교육을 받는 이유, 학생들이 학교생활에 만족하지 못하는 이유, 대학진학률이 높은 이유, 등록금이 높은 이유, 수단과 방법을 가리지 않고 소위 명문대에 입학하려는 이유 등이 다 이 문제에 뿌리를 두고 있다. 이 문제를 풀면 한국의 주요한 교육 문제가 다 풀린다. 그러니 이 문제가 우리 시대의 최대과제 중 하나가 아닐 수 없다. 이 책은 필자가 바로 이 문제를 해결하기 위한 목적으로 썼다. 잘 읽고 시행하면 좋은 사회가 만들어질 것이지만, 외면하면 지금과 같은 아비규환이 계속될 것이다.

• 학벌사회의 의미

자본주의 이전 사회에서는 사회적 자본(신분, 혈통 등)과 물적 자본(토지 등)이 권력의 토대이며 사회를 지배하는 힘이었다. 양반·귀족인 부모는 자녀에게 신분과 재산을 물려줌으로써 부와 권력을 대물림했다. 하지만, 현대의 금융자본주의 체제에서 신분과 재산은 안전한 부의 형태가 못 된다. 왜냐하면 신분제는 사라졌고, 재산 상속 역시 엄청난 비용이 들며, 대를 이어 재산을 유지하는 것은 힘들기 때문이다. 금융자본주의 시대 부의 세습 방법은 부를 축적하고 권력을 잡을 수 있는 능력을 물려주는 것이다. 그것은 자녀의 인적자본을 극대화하는 것인데, 재산을 직접 물려주는 것보다 안전하고 확실하다.

인적자본은 여러 가지 경로를 통해 형성되지만, 그 핵심은 교육이다. 교육은 학습 즉 지식을 더하는 것에 그치지 않고 인적 네트워크를 형성하는 부차적 역할도 한다. 이렇게 형성된 네트워크가 사회적 힘을 발휘하는데, 특히 고등교육을 통해 형성된 관계집단이 사회 전 영역을 지배하고 있다. 이렇게 되면 교육의 주된 목적이 관계망 형성으로 바뀌게 된다. 학벌이라 불리는 소수의 지배집단은 그 지위를 유지하기 위해 갖가지 방법을 동원한다. 등록금을 고액화하여 저소득층의 고등교육 접근을 차단하며, 대학서열을 형성해

소수의 기득권층만 상위서열대학에 진학하게 만든다. 사회적 약자의 접근을 한 번은 재력으로 막고, 또 한 번은 학업성적이라는 자격으로 막는다. 학업성적 또한 대부분 사교육비 지출로 형성되기 때문에, 결국 돈의 힘으로 학벌이 형성되고 지탱되는 셈이다.

대학에 입학하는 이유가 학문적 관심보다 인적 네트워크의 형성에 있게 되면, 교양과정 등을 통해 강한 연대감이 형성되는 학부 과정이 중요성을 갖는다. 그래서 학부과정이 끝나면 자연스럽게 학업도 끝내게 된다. 똑똑한 학벌에 들어가는 것이, 박사학위를 받는 것보다 출세에 더 유리한 세상이다. 이런 풍토에서 학문을 닦기 위해 대학원 과정에 진학하는 사람이 적을 수밖에 없다. 그래서 다른 선진국들에 비해 인구 대비 학사의 비율은 압도적으로 높고, 석사·박사의 비율은 크게 낮은 것이다.

결국 대학입학과 학벌 형성이 고등교육의 주된 목표이다 보니 중등교육의 역할은 대학진학에 있게 되고, 대학은 학생들에게 학문과 지식의 세계를 제대로 보여주지 못하고 있다.

• 학벌 타파의 경로 – 대학 무상교육과 대학서열 해체

필자는 학벌사회를 타파하자는 입장에서 이 책을 쓴다. 왜 학벌을 타파해야 하는가는 뒤에 설명할 것이다. 한국사회의 학벌은 여러 가지 경로를 통해 형성되었는데, 현실에서 고액 등록금과 대학서열이 학벌 체제를 지탱하고 있는 두 축이다. 인적자본 형성과정에서의 독점구조를 타파해야 학벌 형성이 중단된다. '대학까지 무상교육'을 실현하여 학벌 체제에 균열을 내야 하며, 대학서열을 해체하여 학벌 형성을 막아야 민주평등사회 실현을 앞당길 수 있다.

현대사회에서 대학교육은 하나의 기본권(human right)으로 인식되고 있다. 대학교육을 통한 인적자본 형성 없이 자신과 가족의 삶을 유지하는 데 필요한 수입을 얻고, 만족할 만한 일자리를 얻어 일하면서, 자신의 기여에 걸맞은 지위를 확보하고, 자신의 꿈을 실현해 나가기 어렵기 때문이다. 그러나 비싼 등록금은 저소득층을 대학교육에서 소외시키고, 자기실현의 꿈을 이루기 어렵게 한다. 그러므로 대학까지 무상교육제가 확립되어야 자기실현을 통한 행복의 추구가 가능해진다. 돈이 없어 대학에 진학하지 못하는 능력자들이, 능력이 부족한데도 돈의 힘으로 진학하는 사람들을 대신하여 대학에 입학하게 되면 엘리트의 작은 순환이 일어날 것이다. 대학 무상교육제도가 진정한 사회개혁의 출발점이 될 수밖에 없다.

· 등록금이 갈라놓은 계층

지구촌 선진국들의 협의체인 경제협력개발기구(OECD) 회원국 중에는 대학교육을 무상으로 제공하는 국가도 있고, 수업료를 받는 국가도 있다. 프랑스[1], 독일, 오스트리아, 벨기에, 스위스, 덴마크, 노르웨이, 핀란드, 스웨덴, 스코틀랜드(영국), 슬로바키아, 슬로베니아, 그리스, 아이슬란드 등이 대학 무상교육제도를 시행하고 있다. 이들 나라의 국민은 원하는 사람 누구나 등록금 부담 없이 대학교

---

[1] 프랑스의 고등교육기관은 대학(Université), 그랑제꼴(Grandes Écoles), 그랑제꼴준비반(CPGE), 기술전문대학(Institut universitaire de technologie), 고등기술전문과정(STS) 등 복잡하게 구성돼 있다. 그랑제꼴은 전문직을 양성하기 위한 고등교육기관으로서 성적과 소득 상위계층 학생들이 주로 입학하는데, 등록금이 비싼 학교도 있고, 없는 학교도 있으며 월급을 지급하는 학교까지 있다. 여기서는 교육과 연구기능을 모두 갖춘 일반대학(Universite)을 중심으로 논의한다.

육을 받을 수 있다. 부모세대의 세금으로 다음 세대가 혜택을 누리는 것이며, 자신도 대학 졸업 후 다음 세대의 교육에 기여하게 된다. 이들 국가에서는 대학이 대체로 균등하게 발전해 있어 대학을 일류·이류·삼류 등으로 구분하지 않는다.

이에 비해 미국과 일본 등은 대학교육을 유료화하여 대학교육비 대부분을 학생과 학부모에게 부담시키고 있다. 한국도 이 부류에 속한다. 한편 잉글랜드(영국), 호주, 뉴질랜드 등은 재학 중 등록금을 부담하지 않고 졸업 후에 조금씩 납부하는 등록금후불제를 실시하고 있다. 이들 국가에서는 대학이 엘리트 대학과 일반대학으로 계층화되어 있는데, 어릴 적부터 학생의 출신배경에 의해 교육과정이 달라진다. 고소득 전문직 또는 고학력 부모를 둔 학생은 막대한 사교육비 지출로 엘리트 고등학교에 진학한다. 엘리트 고등학교를 졸업한 학생들은 엘리트 대학에 진학하고, 대학 졸업 후 고소득 전문직에 집중적으로 진출하게 된다. 이에 비해 중·저소득계층 출신들은 일반고교를 졸업하고, 지역대학이나 전문대에 진학하며 졸업 후 주로 저소득 일자리나 비정규직으로 진출한다.

• 사교육비의 역할

미국에서 상위 1% 가정 출신 자녀는 중산층 가정 자녀에 비해 유치원 과정에서 해마다 1만~1만5천달러, 초등학교 과정에서 2만~2만5천달러, 중·고등학교 과정에서 5만~6만달러, 대학과 대학원에서 9만달러 정도를 더 지출한다고 한다.[2]

---

2 Daniel Markovits(2019), The Meritocracy Trap (서정아 옮김, 『엘리트 세습』, 세종, 2020).

한국에서도 비슷한 양상이 나타나고 있다. 엘리트 사립초등학교에서부터 엘리트 고등학교까지 교육을 받으려면 엄청난 돈이 든다. "사립초(최고 1,295만원) 6년, 사립국제중(최고 1,499만원) 3년, 사립외고(최고 1,866만원) 3년 등 특권교육 과정을 거친다고 하면 대학진학 전까지 학비만 최대 총 1억7,865만원을 지불하게 된다."[3] 여기에 다시 대학교육비(등록금 + 생활비 등 부대비용)를 더하면 대학 졸업까지 총 3억원 정도가 들어간다. 특히, 법조인이나 의사가 되려면 대학 졸업 후 로스쿨과 의학전문대학원을 더 다녀야 하는데, 여기에 들어가는 비용이 어마어마하다. 중·저소득계층 출신은 의사나 판검사 되기가 하늘의 별 따기같이 어렵다.

위에서 열거한 일부 부유층의 공교육비 지출액은 전체 교육비 가운데 일부에 불과하며, 실제 사교육비 지출액은 엄청난 규모일 것으로 추정된다. 고소득계층의 자녀들은 어릴 때부터 받은 특별한 교육 덕분에 영재고, 특목고, 자사고 등에 주로 입학하며 이와 달리 평범한 교육을 받은 중·저소득계층의 자녀들은 일반고와 특성화고에 주로 입학한다. 교육부 발표(2021)에 따르면, 2020년 기준 월평균 소득 800만원 이상 가구의 1인당 월평균 사교육비 지출액은 50만4천 원으로서 월평균 소득 200만원 미만 가구의 9만9천 원에 비해 5.1배나 높았다. 사교육 참여율 역시 80.1% 대 39.9%로서 그 차이가 두 배에 달했다.

3　여영국 국회의원 국감 보도자료(2019. 10. 16)

• **대학서열의 형성**

　학벌사회 진입을 위해 고소득계층이 벌이는 명문학군 진입 경쟁과 스펙 쌓기 경쟁이 불을 뿜고 있는데, 이에 투입되는 자금은 상상을 초월한다. 이들이 전개하는 비정상적 경쟁 또한 서민을 허탈하게 만드는 사회적 문제가 되고 있다. 위장전입, 막대한 사교육비 지출, 스펙 쌓기 등으로 이어지는 재산투입 경쟁은 모두 학벌에 진입하기 위해서다. 고소득계층 자녀들이 주로 다니는 영재고, 과학고, 외고, 자사고 등 특수목적고 출신 학생들은 소위 명문대라고 불리는 SKY[4]등 수도권 대학과 거점국립대학에 상대적으로 많이 입학한다. 이에 비해 주로 일반고를 졸업하는 저소득계층 학생들은 경쟁에서 밀려 국립대보다는 사립대학에, 수도권 대학보다는 지방대학[5]에, 그리고 4년제 일반대학보다는 2-3년제 전문대학에 많이 입학한다. 사정이 어려운 일부 학생들은 아예 진학을 포기하기도 한다. 그 결과, SKY 〉수도권 사립대학 〉지방국립대학 〉지방사립대학 〉전문대학이라는 계층화가 이루어졌고, 이에 기반하여 촘촘하게 대학서열이 형성되었다.

• **대학 무상교육의 즐거움**

　대학 무상교육 즉, 등록금 국가부담은 모든 대학생에게 큰 만족을 주는 일이 될 것이다. 전국 263만명(일반대 198만명, 전문대 62만명, 교대 15,000명, 산업대 15,000명)의 대학생과 그들의 학부모가 대학 무

4　서울대, 고려대, 연세대를 지칭하는 은어

5　지방대학보다는 지역대학이라고 쓰는 것이 맞지만, 수도권대학과 대비하기 위해 지방대학이라는 용어를 쓰기로 한다.

상교육의 기쁨을 맛보게 된다. 매년 그렇다는 말이다. 사실 성인이 되어서도 부모에게 삶을 의존하는 것은 바람직하지 않으며, 서구에서는 대체로 19세가 되면 독립한다. 대학 무상교육은 대학생의 자립에 도움을 준다.

대학 무상교육이 이루어지고 대학서열이 해소되면 강남 등 일부 지역의 비정상적인 부동산가격 형성, 위장전입, 사교육비 지출 경쟁과 공교육 위축, 스펙 경쟁, 청소년 체력 저하, 청소년의 높은 자살률, 결혼과 출산 기피 등 학벌 경쟁 때문에 발생한 한국 사회의 주요 문제 상당수가 해결의 실마리를 찾을 것이다. 그래서 대학 무상교육이 사회대개혁의 출발점이 될 수 있다.

• 대학에 대한 지원이냐, 대학생에 대한 지원이냐?

필자는 '대학교육이 국민 기본권'이라는 입장에서 국가책임에 대해 살펴보고자 한다. 일부 이해가 부족한 사람들은 '대학 무상교육 = 대학에 대한 재정지원'이라고 혼동한다. 대학 무상교육은 국민 개개인의 기본권을 보장하기 위한 것으로 대학에 대한 지원이 아니다. 대학들에 주는 긍정적 효과가 있을 수도 있겠지만, 정확하게 말해서 등록금 납부 주체가 개인에서 국가로 바뀌는 것에 불과하므로 대학의 수입이 증가하는 것이 아니다.

어떤 인사들은 사립대학의 비리 척결이 무상교육의 전제라고 주장하기도 한다. 당연히 사립대학의 부정과 비리는 척결돼야 하지만, 사립대 학생들의 기본권을 사학비리 척결 때까지 유보하라는 주장은 곤란하다. 기본권은 선별적으로 주어지는 것이 아니다. 교육기본권은 국공립대학에 다니는 학생들이나 비리 사학에 다니는 학생들이나 모두 똑같은 누려야 할 권리이다. 한 사람의 만족이 아닌 만

인이 행복한 사회를 만들기 위한 기본재(basic good)이다.

필자는 통계자료를 바탕으로 대학등록금 제도의 폐해와 무상교육의 필요성을 설명하고, 아울러 필자가 생각해 온 합리적 대학서열해체 방법까지 제시하고자 한다.

I 부

대학 무상교육과 교육의 공정성

제1장　왜 대학 무상교육인가?

1. 교육기본권의 실현

• 교육기본권 규정

고등교육은 인간으로서의 기본권에 속하며, 돈이 없다고 접근을 차단당할 수 없다. 문명사회는 고등교육이 기본권임을 선언하고 있다. 먼저, **세계인권선언**[6] 제26조 1항은 "모든 사람은 교육을 받을 권리를 가진다. 교육은 최소한 초등 및 기초단계에서는 무상이어야 한다. 초등교육은 의무적이어야 한다. 기술 및 직업교육은 일반적으로 접근 가능하여야 하며, 고등교육은 모든 사람에게 실력에 근거하여 동등하게 접근 가능하여야 한다."라고 규정하고 있다.

UN 경제적·사회적 및 문화적 권리에 관한 국제규약(ICESCR)[7] 제13조 (교육권) 2항은 "이 규약의 당사국은 동 권리의 완전한 실현을 달성하기 위하여 다음 사항을 인정한다"고 하면서, 그 아래 ⓒ에서 "고등교육은, 모든 적절한 수단에 의하여, 특히 무상교육의 점진적 도입에 의하여, 능력에 기초하여 모든 사람에게 동등하게 개방된다."라고 하여 대학 무상교육의 도입을 촉구하고 있다.

UN 아동권리협약[8] 28조 (c)는 "고등교육의 기회가 모든 사람에게 능력에 입각하여 접근가능하도록 모든 적절한 조치를 취하여야 한다."라고 규정하고 있다.

---

[6]　Universal Declaration of Human Rights (1948)

[7]　The United Nations International Covenant on Economic, Social and Cultural Rights (1966)

[8]　The Convention on the Rights of the Child (1989)

UNESCO 교육에서의 차별금지에 관한 협약[9] 4조에는 정부들은"초등교육을 무상 의무교육으로 만들어야 하며; 중등교육은 일반적으로 채택할 수 있는 다양한 형태로 모든 이에게 개방되어야 하고, 고등교육은 개인 능력에 기초하여 모든 사람이 접근할 수 있게 만들어야 한다."라고 분명히 하고 있다.

여성에 대한 모든 형태의 차별 철폐에 관한 협약[10] 제10조에는"경력과 직업 안내, 학업에 대한 접근, 및 모든 종류의 교육시설에서 학위취득에 대해 동일한 조건이어야 하는데, 도시지역이든 농촌지역이든 마찬가지다. 이러한 평등이 유치원, 인문계학교, 기술학교, 전문적 고등기술교육 및 모든 종류의 직업훈련에서 보장되어야 한다."라고 하여 교육 기회의 공정한 보장을 요구하고 있다.

따라서 한국을 포함한 모든 당사국들은 **ICESCR 규약**에 따라 고등교육이 모든 사람에게 차별 없이 제공되며 모든 사람이 평등하게 접근할 수 있게"완전히 그리고 즉각적으로" 필요한 조치를 취해야 한다. 미국 브루클린 법학대학원의 길크리스트 (Heidi R. Gilchrist) 등은 고등교육이 국제관습법에 따라 당연히 하나의 인권으로 간주해야 한다고 주장하면서, 세계 여러 국가의 국제조약 비준이 바로 보편적 인권임을 인정하는 것이라고 지적하고 있다. (길크리스트, 2018)

9　The UNESCO Convention against Discrimination in Education (1960)

10　The International Convention on the Elimination of All Forms of Discrimination against Women (1979)

• **한국의 교육기본권 규정**

대한민국 헌법에도 국제규약과 유사한 규정이 있다. **대한민국 헌법 제31조 제1항**은 "모든 국민은 능력에 따라 균등하게 교육을 받을 권리를 가진다."라고 하여 교육이 기본권임을 분명히 하고 있다. 그리고 교육기본법에는 아래와 같이 규정되어 있다.

제3조(학습권)

모든 국민은 평생에 걸쳐 학습하고, 능력과 적성에 따라 교육받을 권리를 가진다.

제4조(교육의 기회균등)

① 모든 국민은 성별, 종교, 신념, 인종, 사회적 신분, 경제적 지위 또는 신체적 조건 등을 이유로 교육에서 차별을 받지 아니한다.

② 국가와 지방자치단체는 학습자가 평등하게 교육을 받을 수 있도록 지역 간의 교원 수급 등 교육여건 격차를 최소화하는 시책을 마련하여 시행하여야 한다.

헌법 31조에서 말하는 '능력에 따라'는 무슨 의미일까? 국제규약에 표현된 능력이라는 용어는 영어로 capacity이므로 이를 경제적 능력이라고 읽는 사람은 악의가 있는 사람이다. 수학능력(修學能力)을 의미한다는 것은 너무나 당연하다. 하지만 여기서도 학벌주의자들은 변별력이라고 읽고 싶을 것이다. 사실 변별력(辨別力)은 "대상의 옳고 그름과 좋고 나쁨, 같고 다름을 나누어 가릴 수 있는 능력"(다음 사전)에 다름 아니다. 까다롭게 변별력을 정의하는 것은 숨은 의도가 있는 것이다. 정상적으로 고교교육을 이수한 사람이면 누구나 변별력을 갖춘 것이고, 이들은 고등교육을 습득할 능력을 갖춘 것으로 해석해야 한다.

• 교육기본권에 대한 국제사회 인식 전환

실제로 고등교육은 이미 여러 국가가 기본권으로 인식하고 있다. 유럽이 특히 그러하며, 미국과 일본 등 지금까지 고등교육을 시장재(市場財)로 여겨오던 국가에서조차 인식이 바뀌어 대학 무상교육 시행에 착수했거나 시행을 준비하고 있다. 일본은 2020년부터 저소득층을 대상으로 대학 무상교육을 제공하여 저소득층 진학률 상승이라는 큰 성과를 거두고 있으며, 미국의 바이든 행정부 역시 2년제 대학인 커뮤니티 칼리지(community college)의 무상화를 추진하고 있고 이를 위해 무려 1조달러에 달하는 예산편성을 의회에 제출했다.

한국은 고교졸업자 84% 이상이 대학에 진학하고 있어, 대학교육은 일부 국민이 선택하는 재화(서비스)가 아니라 국민 필수재라고 할 수 있다. 고등교육이 기본권이라면 원하는 국민 누구나 능력에 따라 소비할 수 있어야 한다. 기본권이라면 소득이 없거나 적은 사람에게도 참여할 기회가 동등하게 주어져야 한다. 따라서 고등교육을 기본권으로 인식하고 있는 사회에서는 일찍부터 대학교육이 무상으로 공급되고 있다.

한국에서는 2021년부터 고교교육이 무상화되기는 했지만, 대학교육은 아직 시장재(市場財)에 가까운 방식으로 공급되고 있다. 이제 시대에 맞게 대학교육을 받을 국민의 권리가 구체화 되어야 하며 능력을 갖춘 모든 국민이 대학교육에 접근할 수 있어야 한다.

2. 평등사회의 걸림돌 제거

• 등록금의 역할

대학등록금은 저소득층의 사회진출과 자기실현(=행복한 삶)을 방해하고 학벌의 사회지배를 공고히 하는 역할을 맡고 있어 평등사회의 걸림돌이다. 등록금이 비싼 국가에는 크든 작든 학벌이 형성돼있고, 이 학벌이 사회 여러 영역을 지배한다. 한국의 학벌들은 3부(입법, 사법, 행정)의 권력을 장악하여 법을 만들고 진행하고 심판하는 일까지 모두 지배하고 있다. 사회발전과 국민의 삶에 영향을 미치는 주요 정책을 모두 이들이 만들고 집행한다. 금융자본주의의 실세로서 금융 활동 전반을 지배하며, 권력을 감시하고 견제해야 할 언론도 이들의 손에 있을뿐더러 문화 권력까지 장악하고 있다. 그래서 대학등록금은 평등사회의 실현을 가로막는 강력한 걸림돌이다. 이에 대해서는 제4장에서 자세히 다룰 예정이다.

학벌사회에서는 대학교육을 상품화하여 교육비를 지출한 사람만 교육을 받을 수 있다. 대학등록금과 부대비용을 최대한 인상해 높은 장벽을 만든 후, 지불 능력이 없는 집단의 접근을 차단한다. 결국 저소득층을 대학교육에서 소외시켜 학벌의 지배 질서가 흔들리지 않게 하는 역할을 하고 있다.

• 등록금의 동맹군들

학벌 체제의 기득권자들은 자신들의 이익을 지키기 위해 다른 장치들도 동원하는데, 가장 대표적인 것이 학생 선발제도이다. 대학교육 수요자(학생)가 공급자(대학)를 선택하는 것이 아니라, 공급자가 수요자를 선택한다. 철저히 서열화된 공급자가 변별력이라는 이름으로 수요자의 서열을 심사한다. 이를 위한 입시제도가 고안되고, 상위서열 대학부터 차례로 학생을 선택하게 된다. 이 과정에서 수많은 문제가 파생되고 있다. 소위 명문고 주변 전입 또는 위장전입, 초·중학교부터 대규모 사교육비 투입, 자사고·특목고 입학, 내신등급 올리기, 논술 훈련, 스펙 쌓기, 고액 입시 상담 등이 모두 상위서열 대학의 선택을 받기 위한 것이다. 그러나 이는 일부 고소득계층만 시도할 수 있는 일이며, 중·저소득계층 출신들은 교육비 부담 때문에 대학진학을 포기하는 경우가 많다. 제6장에서 통계자료를 통해 이를 확인할 것이다. 고소득계층이 벌이는 교육비 지출 경쟁에 중·저소득층은 참여할 수 없다. 중저소득층은 대학을 졸업한다고 해도 양질의 일자리를 확보하기 어렵다. 이처럼 '높은 등록금'과 '대학 서열화'는 학벌을 재생산하고 유지하는 쌍둥이 기둥이며, 중·저소득층의 사회진출을 가로막고 있는 적폐 군사들이다.

• 대학 무상교육과 대학서열 철폐

고등교육이라는 국민의 기본적 권리를 보장하고, 학벌의 사회적 폐해를 근절하기 위해서는 대학개혁이 절대적으로 필요하다. 원하는 모든 국민이 대학교육을 받을 수 있도록 대학교육비를 국가가 부담해야 하며, 학벌 체제가 교육을 재단하지 못하도록 해야 한다. 학벌체제가 무력화되면 학력을 바탕으로 하는 새로운 형태의 계급체계가 지속되지 않을 것이다. 대학 무상교육과 서열철폐라는 두 가지 전략가운데 더 핵심적 의미를 갖는 것은 대학서열 해체이다. 이 두 가지 목표는 동시에 달성되는 것이 바람직하지만, 저소득계층의 기본권을 보장하는 것이 시급한 상태에서는 대학 무상교육을 우선 달성하는 것이 효과적이다.

　대학교육을 받기를 원하는 사람은 등록금 부담 없이 누구나 대학에 진학할 수 있어야 한다. 그러나 대학교육은 여러 가지 수익을 보장하기 때문에 '수익자부담원칙'을 주장하는 사람들도 있다. 이들은 대학 졸업 후 경제적·비경제적 이익을 얻게 되는 개인이 교육비를 다 부담해야 한다고 주장한다. 그러나 이는 수익자를 잘못본 것이다. 사회(국가) 역시 대학교육을 통해 많은 이익을 얻고 있다. 그러므로 국가도 대학교육비용 전체 또는 일부를 부담해야 한다. 대학교육의 개인적·사회적 수익에 관해서는 제〈7장〉에서 자세히 다룰 예정이다.

제2장   대학 무상교육이 가져올 행복

1. 유럽의 무상교육은 성공했나?

• 대학 무상교육을 시행 중인 국가들

프랑스, 독일, 스웨덴, 핀란드, 노르웨이, 덴마크, 스위스, 오스트리아, 그리스, 슬로바키아, 슬로베니아, 헝가리, 폴란드, 스코틀랜드(영국), 스페인, 벨기에 등 유럽 국가들은 대학등록금이 없거나 아주 소액이다. 독일 등 일부 국가는 외국인 학생들에게도 등록금을 받지 않는다. 모로코, 베네수엘라 등 소득수준이 높지 않으면서도 대학 무상교육을 시행하는 국가도 있다. 이들의 대학 무상교육은 성공한 제도일까? 결론부터 말하면, 유럽의 대학 무상교육은 대성공을 거두고 있다. 다수의 유럽 국가들은 오래전부터 대학 무상교육을 시행하여 자국민뿐만 아니라 외국인들에게까지도 큰 만족을 주고 있다. 우리나라 국민 중에도 이들 나라에 유학하여 무상교육의 혜택을 받은 사람들이 많다. 대학 무상교육은 소득불평등 해소에도 크게 기여하고 있어, 무상교육 국가의 소득불평등도가 유상교육 국가보다 대체로 낮다. 이 나라들은 대체로 1인당 소득이 6~7천 달러 수준이었던 1960년대와 70년대 초반에 무상교육체제로 전환했다.[11]

• 대학 무상교육의 성공 원인

대학 무상교육이 이렇게 많은 국가에서 굳건히 자리 잡고 이유

---

[11]   프랑스는 1179년 라트랑공의회(Concile du Natran)에서 무상교육원칙이 천명된 후 무상교육이 시작되었다고 한다(구신자, 2021).

는 무엇일까?

첫째, 국민을 만족시키고 있기 때문이다. 이들 국가의 국민은 대학교육비를 마련하기 위해 따로 저축하거나 대출을 받을 필요가 없다. 자신이 국가에 납부한 세금으로 자녀가 대학까지 무상교육을 받는 것이다. 세금을 내지 못할 만큼 소득이 낮은 부모라도 자녀교육비 걱정은 하지 않는다. 세금을 적게 내더라도 차별받지 않고 교육을 받는다. 자녀가 2~3년제 전문대학에 입학하든, 4년제 일반대학에 입학하든, 아니면 대학원에 진학하든, 부모는 교육비 부담으로부터 해방된다. 대학등록금으로 인해 신용불량자가 생기지도 않는다. 저소득층이 안심하는 세상이 좋은 세상이라면, 대학 무상교육은 저소득층 가계에 정말 필요한 제도이다. 프랑스, 독일, 덴마크, 노르웨이, 스페인, 스웨덴, 터키, 그리스, 슬로바키아 등은 외국인에게도 등록금을 받지 않는다.[12] 대학교육은 세금을 내지 않은 외국인이라도 인간으로서 누려야 할 기본권이라고 인식하기 때문이다. 이들 국가의 다수 국민은 외국인에게까지 무상교육을 제공하는 것에 대해 불만이 있는 것이 아니라, 오히려 그것을 자랑스럽게 생각한다. 이 제도 덕택에 등록금 걱정 없이 공부를 마친 한국인이 많다.

핀란드는 대학생의 48%가 사립대학에 재학중인데, 사립대생에게도 등록금을 받지 않는다. 사립대 재학생의 비율은 오스트리아(21%), 이스라엘(12%), 노르웨에(10%), 스웨덴(10%), 리투아니아

---

12 프랑스는 지난 2018년 11월 국립대의 재정부담 완화와 교육의 질 제고를 이유로 EU 회원국이 아닌 외국 유학생에게 학부는 연간 2,770유로(약 373만 원), 대학원은 3,770유로(약 508만 원)의 등록금을 받겠다고 발표했다. 이 정책은 2020년 7월 1일 프랑스 최고행정법원에서 "위헌이 아니다"라는 판결을 받았다.

(10%) 터키(8%), 에스토니아(8%) 등인데, 이들 국가의 사립대학생들은 국공립대 재학생들처럼 등록금이 없다.

둘째, 국가도 큰 이득을 얻고 있기 때문이다. 국가가 대학 무상교육제도를 시행함으로써 국민 개개인이 자신의 행복을 실현하도록 지원해 주고 있다. 교육받은 개인은 경제적, 비경제적 이익을 향유하며, 국가 역시 이들로 인해 여러 가지 이익을 얻고 있다. 즉, 대학 무상교육제도는 개인과 국가 모두에게 이익이 되는 제도이다. 고등교육은 개인의 삶을 윤택하게 하는데 필요한 기초제도이며 국가의 번영과 사회의 발전은 물론 사회적 불평등을 시정하는 중요한 역할도 담당한다. 좋은 교육은 개인의 행복한 삶을 보장하고, 구성원들의 시민의식을 높여 사회를 수준 높고 평화로운 공동체로 만드는 교육이라 할 수 있다. 인간의 행복이 그저 먹고 마시고 즐기는 것을 의미하지 않고 자기의 가치를 실현하며 사는 것이라고 한다면, 좋은 교육 없이 행복을 달성하긴 어렵다. 좋은 교육은 학생들의 출신배경에 따른 차이를 좁혀 가능하면 많은 사람이 비슷한 수준의 경제생활과 문화생활을 누릴 기반을 마련해 주는 것이다. 그래서 교육은 최상의 질을 유지해야 하고, 그 기회는 절대 공정하게 제공되어야 한다.

셋째, 사회이동성 강화에 기여하고 있기 때문이다. 2020년 1월, 세계경제포럼(World Economic Forum)에서 발간한 「사회이동성 보고서」[13]

---

13 World Economic Forum(2020), 「The Global Social Mobility Report 2020 – Equality, Opportunity and a New Economic

에서는 교육이 가장 강력한 기회균형장치(equaliser of chances)라고 규정하고 있다. 여기서 "사회유동성"이란 자녀가 부모보다 더 나은 삶을 살 수 있는 능력(가능성)을 의미한다. **보고서는 사회유동성을 회복하기 위해서는 모든 사람이 평등하게 최고의 학교에 다닐 기회를 보유하는 것이 핵심 요소라고 지적했다.** 이러한 기준에서 사회유동성이 가장 높은 국가는 덴마크였으며, 노르웨이, 핀란드, 스웨덴, 아이슬란드 등 북유럽 국가들이 1-5위를 차지했다. 이들 국가는 교육에 대한 접근성과 교육의 질 및 공정성이 고루 훌륭하다는 평가를 받았다. 네덜란드, 스위스, 벨기에, 오스트리아 등이 다음 순위였다. 다른 주요 국가들의 순위를 보면, 독일(11위), 프랑스(12위), 일본(15위), 호주(16위), 영국(21위) 등이었으며, 한국은 25위, 미국은 27위였다. 러시아(39위), 중국(45위), 베트남(50위), 브라질(60위)에 이어 코트디부아르가 82위로 조사대상국 가운데 최하위였다.

2. 대학 무상교육에 거는 기대

● 평등 교육은 행복한 삶의 기초

사람은 자신의 재능과 취향을 가장 잘 발휘할 수 있는 직업을 선택해야 행복한 삶(자기실현)을 살 수 있다. 인간의 삶은 수많은 선택과 노력을 통해 자기실현을 이루어 가지만, 대학 전공선택이 우선 중요하다.[14] 한국처럼 수능시험 성적을 기준으로 대학과 전공이 사

Imperative」, Geneva, Switzerland.

http://www3.weforum.org/docs/Global_Social_Mobility_Report.pdf

14　2020년 조사에서 자신의 전공과 직업이 일치한다고 응답한 사람은 37.2%에 불과했다. (통계청, 『2020 한국의 사회지표』, p.29)

실상 배정(?)되는 시스템이 유지된다면, 자기실현의 가능성과 행복
은 크게 낮아진다.

교육개혁을 통해 행복 사회를 건설한 대표적인 국가가 핀란드이
다. 1970년대만 해도 핀란드의 교육은 특별한 점이 없었고, 고질적
불평등이 교육을 비롯한 사회 여러 부문에 자리 잡고 있었다. 핀란
드 사회는 양질의 공립교육을 모든 아동·청소년에게 제공하는 것
을 개혁의 주된 목표로 설정했는데, 결국 그것이 게임 체인저 역할
을 했다. 당시 가난한 농업국이었던 핀란드는 인적자본을 100% 활
용하여 지식기반사회를 조성하려는 목표를 세웠으며, 이를 달성했
다. 다른 노르딕국가들과 마찬가지로 교육을 상품으로 여기지 않고
시민의 권리이자 공공서비스라고 생각해 왔기에, 핀란드는 모든 아
동·청소년에게 양질의 교육을 무상으로 제공하도록 설계한 것이다.

교육과 관련하여 평등이란 모든 아동이 어디에 살든, 부모의 소
득이 어떻든, 혹은 어떤 학교에 다니든 관계없이 최고품질의 교육
에 접근할 수 있게 하는 것을 의미한다. 하버드대학교 교육대학원
의 파시 살버그교수 (Pasi Sahlberg)는 핀란드가 '초등교육부터 고등
교육까지 교육 평등권의 가치와 원칙'에 입각해 교육시스템을 기획
했다고 증언했다. 대학 무상교육과 균등한 발전이 이루어지면, 우
리 사회도 이러한 효과를 기대할 수 있다.

• 개천에서 다시 용이 날 것이다

대학 무상교육이 실현되면, 한국 사회는 당장 다음 두 가지 효과
를 기대할 수 있다.

① **대학생과 학부모의 돈 걱정이 크게 줄어든다.** 많은 가계에서 자녀
의 대학등록금과 생활비 조달은 만만치 않은 걱정거리이다. 전체

국민을 대상으로 대학 무상교육을 실행하면 그 걱정이 사라지게 된다. 연간 약 8조 원정도의 예산지원만 있으면 대학생과 대학생 자녀를 둔 가계는 큰 걱정을 덜게 된다. 대학생의 생활비까지 지원돼야 완전 무상교육이라고 하겠지만 어쨌든 등록금 액수만큼 가계의 부담은 감소하게 된다.

중요한 점은 대학 무상교육 실행으로 인해 저소득층 자녀들의 대학진학이 증가한다는 사실이다. 특히, 능력이 있음에도 등록금 때문에 대학교육을 포기하는 학생들이 줄어든다. 일반대를 가고 싶었지만 등록금 부담으로 할 수 없이 전문대를 선택했던 학생들이 그 꿈을 이루게 된다. 그리고 이들의 사회진출 폭이 확대된다. 특히 대학원생에게까지 등록금을 지원할 경우, 로스쿨이나 의학전문대학원 등 추가적인 교육비 지출이 필요한 직종에 중·저소득계층 출신의 진출이 가능하게 된다.

② **개천에서 다시 용이 날 것이다.** 훌륭한 교육제도를 바탕으로 사회유동성이 강화되면, "개천에서 용이 난다"라는 말이 현실에서 다시 실현된다. 세계경제포럼(2020)의 「사회 이동성 보고서」는 국가별로 저소득층 가계가 중위소득에 도달하는데 몇 세대가 소요되는지 보여주고 있는데, 덴마크는 단 2세대 만에 가능하며, 스웨덴, 노르웨이, 핀란드는 3세대가 걸리지만, 한국, 미국, 영국 등은 5세대나 소요된다.

대학 무상교육이 실행되면, 능력이 부족하면서도 일반대학에 진학했던 고소득층 자녀들이 점차 능력 있는 중·저소득층 자녀들에게 자리를 내주게 되어 부분적으로 전문직의 순환이 일어난다. 중·저소득층 출신들도 권력직과 고소득전문직에 진출하게 되면서, 과거 비정규직과 저임금직으로 밀리게 되어 발생하는 빈곤과 차별의 악순환 고리가 끊어진다. 즉, 학벌 지배체제에 균열이 발생하게 된다. 대학 무상교육은 이렇게 사회정체를 해소하는데 기여하게 된다.

3. 국민 모두 최대행복으로 가는 길

• 대학 무상교육은 행복한 삶의 시작

인간이 누릴 수 있는 진정한 행복은 자신의 잠재력을 최대한 개발하여 자기답게 사는 것이다. 즉, 진정한 행복은 자기실현이다. 교육은 자신의 잠재력을 실현하는데 필요한 여러 가지 기능을 습득하고 사회적 삶을 사는데 필요한 가치들을 체득하는 과정이다. 대량생산 방식이 지배하던 시절에는 초·중등교육 이수만으로 사회생활이 가능했다. 그러나 직업의 분화가 이루어지고 첨단기술들이 개발되면서 전문직으로서 훈련받지 않으면 자기실현이 어려운 세상이 되었다. 그렇다. 현대 금융자본주의 체제에서는 고등교육을 이수하지 않고 자기실현의 행복을 누리기 어렵다.

특히, 대학교육은 급격한 기술진보 (제4차산업혁명)가 초래하고 있는 일자리의 변화에 대응할 수 있는 가장 중요한 사회적 대책이다. 자동화·로봇화·인공지능의 영향으로 이미 저숙련 노동자들의 일자리가 빠른 속도로 사라지고 있다. 자동화가 모든 작업을 대체하지는 않겠지만, 선진국 경제들에서는 고(高)기능 작업장의 지속적 확산이 예상된다. 이러한 변화에 의해 반복 작업을 수행하는 단순노동보다는 분석적 기술과 창의적 사고력을 갖춘 노동력이 수요되고 있다. 대학이 이 기술들을 개발하고 가르치기 때문에, 원하는 모든 사람이 대학교육에 접근하게 만드는 것이 중요한 과제가 되었다. 모든 국민이 무상으로 대학교육을 받을 수 있다면 좋은 일자리는 더욱 확대될 것이다.

경제가 침체국면일 때, 한 산업이 무너지면 다른 산업이 이를 대체하게 되고, 노동자는 다시 새로운 기능을 익혀야 한다. 대학교육이 국민의 기본권으로서 보다 많은 사람이 대학에 입학해 첨단기술과 산업에 관한 공부를 할 수 있다면, 더 많은 국민이 경제변화가 요구하는 자격을 갖추게 된다. 이는 보다 많은 사람을 행복에 이르게 할 것이다.

• 차별 철폐의 시작

모든 사람이 억지로 대학교육을 받아야 하는 것은 아니다. 대학을 나오지 않아도 사회에서 자기 몫을 하며 당당히 살아갈 수 있다면, 대학교육은 그저 작은 장식품일 뿐일 것이다. 대학을 나오지 않았다고 사회적으로 차별받지 않고, 임금이나 생활전선에서 크게 불리하지 않다면 굳이 대학을 가지 않을 사람도 많을 것이다. 실제로 유럽에는 대학진학률이 낮으면서도 삶의 질이 아주 높은 나라들이 많다.

하지만, 아쉽게도 한국은 학력에 따른 사회적 차별이 곳곳에 존재하고 소수의 학벌이 정치, 경제, 사회, 문화 전반을 지배하고 있다. 학벌은 부모의 소득과 학력에 의해 재생산되었고, 여기에 기득권을 옹호하고 지키는 장치가 만들어져 소수 학벌에 의한 권력 독점이 이루어지고 있다. **한국의 학벌 체제는 교육비 차별화와 대학서열 체제에 의해 유지된다. 물론, 이 두 가지는 모두 왜곡된 능력주의의 허상 위에 서 있다.** 초등학교부터 또는 그 이전부터 고액의 사교육비를 통해 중·저소득층의 학벌 접근을 막는데, 그 마지막 단계가 대학등록금 (로스쿨 등 전문대학원 수업료 포함)이다.

대학서열 체제가 굳어지면서, 능력(실력) 있는 사람이 상위서열 대학에 입학하는 것을 당연하게 생각한다. 애초에 그 능력이란 것이 '아빠 찬스'에서 발생한 사실을 잊고서, "돈도 실력이야"라고 인정하는 것이다. 그리고 이들이 주로 입학하는 대학에 국가가 특혜를 주는 것을 문제 삼지 않고, 이들이 졸업 후 권력 직종과 고소득전문 직종을 독점해도 이를 불공정하다고 여기지 않는 순치(馴致)가 이루어졌다. 상당한 수준의 전문지식을 갖춰야 최고의 일자리에 접근할 수 있는 금융자본주의 시대에 고등교육은 각 개인의 행복 추구에 필수요소인데, 그 길은 소수에게만 열려 있는 좁은 통로이다. 이를 타파할 수 있는 하나의 방법이 대학 무상교육이다.

제3장　교육에서 공정의 의미

1. 고등교육 – 부와 재산의 세습 경로

• 교육을 통한 잠재력의 개발

세습되는 신분이 아니라 자신의 능력과 노력에 따라 사회적 지위와 역할을 차지하는 현대사회가 겉보기에 평등을 실현하고 있는 것처럼 보인다. 그러나 자세히 보면 가공(架空)의 권리를 통한 가공의 평등이 존재하고 있을 뿐이다. 민주주의의 초석인 정치적 권리는 경제적 불평등에 의해 제약되고 있다. 일정한 연령 이상의 모든 국민이 피선거권을 갖고 있지만, 실제 경제력이 약한 사람에게는 그림의 떡이다. 더욱 심각한 문제는 자본주의 사회에서 불평등을 해소할 수 있는 가장 유력한 수단인 교육이 오히려 불평등을 구조화하는 기능을 하고 있다는 사실이다.

사람이 영유아기에는 이타적 공동체인 가정에서 삶을 시작하지만, 보육시설이나 유아원에 입학하면서 서로 경쟁과 협력을 하며 일생을 보내게 된다. 교육과정에서는 어떤 일이 일어나는가? 말할 필요도 없이, 개인의 잠재능력 (인적자본이라고도 함)이 커진다. 한 아동이 초등학교부터 교육과정(educational process)의 긴 터널로 들어가 교육을 받고 이 터널을 빠져나와 사회생활을 시작하게 된다. 어떤 사람은 고등학교 졸업으로 교육을 끝내기도 하며, 또 어떤 사람은 대학원 교육까지 이수하기도 한다. 고등학교가 됐든 아니면 대학이 됐든, 교육을 마치는 시점에서 한 인간의 역량은 이전에 비해 완전히 달라져 있다. 즉, 인적자본이 크게 성장한 것이다. 인적자본의 성장은 개인이 가진 내적 능력과 노력에 더해 외부의 힘인 교육이 작용한 결과이다.

2. 공정 관념과 '아빠 찬스'

• 슈바이처 박사와 아빠 찬스

교육과정을 마친 후 즉, 사회생활 출발점에서 개인이 가진 잠재능력은 같지 않다. 그것은 개인의 능력과 노력의 결과일 수도 있지만, 소위 '아빠 찬스'일 수도 있다. 만일 어떤 사람은 부모의 화끈한 재정지원을 받아 능력을 크게 확장했는데, 다른 어떤 사람은 부모의 지원을 거의 받지 못해 잠재력에 차이가 발생했다고 하자. 이를 어떻게 봐야 할 것인가? 공정하지 않다고 생각하는 사람도 있을 것이고, 아주 불공정한 게임은 아니라고 생각하는 사람도 있을 것이다. 재미있는 일화를 통해 이 문제를 생각해보자.

슈바이처(Albert Schweitzer, 1875~1965)) 박사의 어린 시절 이야기는 너무나 유명하다. 어린 슈바이처가 어느 날 가난한 친구와의 힘 겨루기에서 이겼다. 그러나 '나도 너처럼 날마다 고기를 먹었더라면 너를 이겼을 것이다'라며 분해하는 친구의 불평을 듣고 나서 슈바이처는 그 게임이 공정하지 않았다는 사실을 깨달았다. 그는 부유한 부모덕에 영양이 풍부한 식사를 하고 힘이 세져서 가난한 친구를 가볍게 이긴 것이었다. 그는 자신이 실력(merit)으로 이겼으니 승자의 명예를 차지해도 좋다고 생각하지 않았고, 오히려 이 게임의 불공정성을 스스로 인정했다. 그 이후 슈바이처는 마을 친구들과 어울리기 위해 어머니가 사준 값비싼 코트와 모자를 쓰지 않았다고 한다. 두 사람 사이의 실력 차이는 '아빠 찬스'에 따른 것으로서 슈바이처는 이를 불공정하다고 판단했다. 슈바이처는 '아빠 찬스'를 깨끗이 인정했다. 그는"돈도 실력이야! 능력 없으면 니네 부모를 원망해!"[15]라고 말하지 않았다. 이 이야기는 우리에게 공정 관념에 관한 중요한 기준을 제공해주고 있다.

● 한국교육의 불공정성

슈바이처 박사의 공정 관념을 기준으로 할 때, 한국교육은 어느 정도 공정하다고 할 수 있을까? 좋은 교육제도는 사회적 약자들이 교육과정을 잘 마치도록 하여 당당하게 사회에 진출할 수 있게 하는 것이다. 강남 명문학군 전입, 고액의 사교육비 지출, 특수목적고 입학, 수도권 명문대 입학, 우월한 교육여건 확보, 고소득 전문직 독점 등 교육에서 직업 선택에 이르는 여러 과정을 모두 공정성의 관점으로 살펴볼 수 있다. 부모 덕분에 강남지역에 살면서 막대한 사교육비를 쓰고, 특수목적고에 진학한 후, 소위 명문대에 입학하고, 공공기관들의 집중 지원을 받아 우월한 조건에서 잠재능력을 키우는 일련의 과정들이 있는 한, 한국의 교육과정이 공정하다고 하기는 어렵다.

고소득계층이 **인기 학군의 거주지 독점 ⇒ 거액의 사교육비 지출 ⇒ 특목고 집중 입학 ⇒ 명문대 입학 독점 ⇒ 고등교육 자원 독점 ⇒ 고소득 전문직 독점** 등으로 이어진다면, 중·저소득계층 출신은 한 번도 쓰기 힘든 '아빠 찬스'를 적어도 대여섯 번 활용하는 셈이다.

필자는 교육과정마다 '아빠 찬스'가 사용되고, 특혜가 주어지는

---

15 박근혜 정권 시절 막후 실력자였던 최순실씨의 딸 정모씨가 자신의 SNS에 올려 유명해진 말이다. (경향신문, 2016.10.19. 보도 참조)

과정을 추적할 것이다. 능력으로 성취한 것처럼 보이는 성공의 이면에 특혜와 특권이 없었는지 살펴보겠다. 일부 특정 대학 출신의 권력 직위와 고소득 전문직 독점 현상을 확인할 것이다. 이들의 사회지배가 실력에 의한 것이라 해도, 그 실력이 대학 재학 중 받은 불공정한 특혜의 결과라는 점도 확인할 것이다. 나아가 특정 대학 출신들이 누리는 학벌 프리미엄 유무도 살펴볼 것이다.

또한 특정 대학에 집중적으로 입학하는 고소득계층 자녀들이 대부분 특수목적고 출신인지 여부를 보고 소득계층에 따라 학업성적에 차이가 있는지도 관찰할 것이다. 특정 대학 출신이 한국 사회를 지배하고 고소득 전문직과 권력직을 독점하는 문제가 중상주의적 특권과 특혜에 있다는 점도 밝히고자 한다.

3. 교육비 지원의 역진성과 매튜효과

• "무릇 있는 자는 받아 풍족하게 되고"

학벌사회의 기득권층은 자녀가 동료집단과의 경쟁에서 이기도록 하기 위해 막대한 교육비를 쓰고 있다. 자기가 번 돈을 자기가 쓰는데 왜 그것이 불공정한 일이냐고 항변하는 사람도 있다. 그러나 다른 사람을 배제한 채 혼자만 누리는 기회는 공정이라고 하기 어려울 것이다. 국민 모두에게 공평한 기회를 보장해야 개인의 삶과 사회의 발전을 기대할 수 있다. 대학 무상교육의 확보와 대학서열 체제 해체만이 학벌사회가 아닌 평등사회로의 진입을 보장하는 길이다. 모든 것이 열린 사회는 구조화된 불평등과 불공정을 스스로 해소할 수 있다.

불평등보다는 평등이 좋고 불공정보다는 공정이 좋은 가치라는 데 동의한다면, 이미 모든 것을 가진 기득권층에게 더 많은 것을 지원하기보다 소외되고 불리한 위치에 있는 사람들에게 더 많은 기회를 주는 것이 좋은 제도일 것이다. 즉, **불평등을 확대하는 것이 좋은 제도가 아니고 이를 축소하는 것이 좋은 제도이다.** 따라서 기득권층이 더 많은 것을 갖게 배분하는 방식은 별로 좋지 않다. 기득권층 자녀들이 주로 다니는 대학에 국가재정을 더 많이 지원한다면, 공정의 관점에서 좋은 정책이라 할 수 없다. 특혜성 지원을 받은 대학의 학생들은 우월한 교육환경에서 공부하며, 교육의 성과를 독점하게 되어 부모 세대 시절보다 더 격차를 벌리게 된다. 이러한 특혜를 기반으로 한국의 상류계층 자녀들은 사회에 진출하기 전 이중, 삼중으로 유리한 위치에 서게 된다. 소위 매튜효과(Mathew effect)를 누리고 있다. "무릇 있는 자는 받아 풍족하게 되고 없는 자는 그 있는 것도 빼앗기리라."(마태복음 제25장 29절)라는 성경의 구절을 떠올리게 된다. 〈5장〉에서 자료를 보면서 이를 자세하게 설명할 것이다.

● 한국교육의 반교육성

교육비 부담과 국비 지원의 역진성은 대학 졸업 후 사회진출에서 확실하게 그 효과가 드러난다. 고소득계층 출신 대학졸업자들은 고소득 전문직에 주로 취업하고, 취업 후의 소득 비교에서 저소득계층에 비해 확실한 우위를 보인다. 그렇게 대졸자들의 소득수준도 출신대학과 부모의 소득수준에 따라 서열화되었다. 오늘날의 한국교육은 능력 있는 저소득계층의 신분 상승을 도와주는 사다리가 아니라, 오히려 그들이 뛰어넘을 수 없는 거대한 장벽이 되어 버렸다. 가히 타락한 교육이라고 부를 만하다.

고소득층 자녀는 초·중등교육과정에서부터 특별한 교육을 받아 소위 특정 유명 대학에 주로 입학하고, 국가가 이들에게 교육자원을 집중적으로 투입한다. 국가의 도움으로 이들은 저소득층 학생들보다 훨씬 풍족한 조건에서 공부하고 졸업 후 고소득 전문직에 자리 잡는다. 이와 달리 저소득층 자녀는 일반고나 특성화고에 주로 입학하여 중등교육 과정을 마친다. 고교졸업 후 이들은 다수가 지방사립대와 전문대에 진학하거나 아예 진학을 포기하며, 노동시장에서 저임금 직종이나 비정규직으로 사회적 삶을 시작한다.

이 심각한 불평등구조를 능력의 차이라고 여기면서, '그들은 똑똑하니까 좋은 대우를 받아야 마땅하다'라고 생각하는 사람들도 있다. 일종의 스톡홀름증후군이다. **인간은 작은 차이에도 불구하고 동등하게 존중받아야 하며, 기회는 구성원 모두에게 공정하게 주어져야 한다.** 이러한 생각이 민주사회를 굳건하게 만든다. 민주 평등사회의 건설을 위해서 교육의 불평등과 불공정에 대한 해답을 찾는 일이 시급하다. 이를 위해 대학서열구조를 바탕으로 형성된 학벌사회의 실상을 먼저 확인해 본다.

Ⅱ부

학벌사회의 불공정 구조

제4장 대학교육비

학벌사회는 교육비 부담 극대화와 대학 서열화 체제라는 두 개의 기둥에 의해 지탱된다. 학부모의 자녀교육과 교육비 투자는 육아 단계에서부터 시작된다. 고소득계층은 출산 후 육아를 위해 상당한 기간 소득을 포기하는 경우가 많다. 초기에 두뇌 발달이 중요하다고 알려졌기 때문이다. 그러나 중·저소득층은 이런 선택을 할 수 없다. 고소득층은 자녀가 유치원과 초등학교에 들어가면 자녀의 학습 능력 발달을 위해 다시 여러 가지 투자를 한다. 2018년 현재 사립초등학교 재학생 수가 전국적으로 약 4만 명에 이른다. 사립초등학교 학부모는 연간 최고 1,500만 원에 이르는 학비를 부담하고 있다. 제20대 국회의원이었던 여영국 의원은 "사립초(최고 1,295만 원) 6년, 사립국제중(최고 1,500만 원) 3년, 사립외고(최고 1,866만 원) 3년 등 특권교육 과정을 거친다고 하면 대학진학 전까지 학비만 최대 총 1억7865만 원을 지불하게 된다."라고 주장한 바 있다. 물론 일부 고소득층 얘기이며, 초중고를 모두 공립학교에 다니면 비용부담은 아주 적다.

이처럼 대학입학 전에 지출하는 교육비 차이도 엄청나게 크지만, 대학입학과 졸업이 학벌로 편입되는 최종 단계이기 때문에 대학교육비가 하는 역할이 중요하다.

1. 한국의 대학등록금, 어느 수준인가?

• 대학교육비 계산

대학등록금은 대학교육을 받는 개인이 부담하는 유일한 비용은 아니다. 대학교육비는 등록금 외에도 주거비, 교재비, 교통비, 학생회비를 비롯하여 고졸로서 4년 (또는 2년) 간 벌 수 있는 소득 등이 모두 포함된다. 고졸로서 벌 수 있는 소득은 보통 최저임금으로 계산하기 때문에 생활 수준과 물가에 관한 사회적 판단과 관련이 있다. 문제를 단순화하기 위해 그냥 등록금과 생활비만을 대학교육 비용으로 간주하자.

2021년 현재 4년제 일반대학의 학생1인당 연간 평균 등록금은 672만 6,600원이다.[16] 사립대학이 평균 747만9,800원이며 국공립대학이 평균 418만2,700원이어서 사립대학의 등록금이 국공립대학의 약 1.8배에 이르고 있다. 대학 소재지별로 보면, 수도권대학의 연간 평균 등록금이 760만 1,100원이며 비수도권대학은 618만7,700원으로서 연간 141만 원 정도 수도권대학이 높다. 대체로 수도권 사립대학의 등록금이 제일 높고, 지방사립대학과 지방국립대학 순이다. 국공립 전문대학의 1인당 평균 등록금은 연간 241만 원인데, 이는 사립 전문대학의 평균 등록금 595만 원의 40% 정도에 해당한다.[17]

사실, 대학생들에게 등록금보다 더 큰 부담은 생활비다. 한국일보 보도(2017.06.17)를 보면, 수도권 소재 대학생들은 한 달에 평균 117만6천 원(자기 집 거주)에서 131만9천 원(지방 출신) 정도를 생활비로 지출하고 있다. 대학생들은 의식주 비용으로 63만2천 원, 주거

16　계열별로는 의학 975만5,700원, 예체능 774만2,100원, 공학 720만4,200원, 자연과학 679만3,100원, 인문사회 592만8,400원이다.

17　전문대 예체능계열의 평균 등록금은 601만 원, 자연과학계열 588만 원, 공학계열 575만 원, 인문사회계열 503만 원이다.

비에 21만6천 원, 의류·미용에 9만1천 원, 교통비 8만8천 원, 통신비 7만1천 원, 학습비(교재·실습비 등) 4만6천 원, 사교육비 5만8천 원, 학과활동비 5만 5천 원, 기타 9만8천 원 등을 쓰며, 이러한 생활비 지출에 대해 응답자의 71.6%가 부담스럽다고 대답했다.[18]

이 조사를 기준으로 한다면, 대학생 1인이 쓰는 생활비는 일 년에 1,411만2천 원(자기집 거주)에서 1,582만8천 원(지방출신)에 이른다. 학생들은 한 달 생활비 중 일부를 근로장학금이나 알바 수입으로 충당하고, 9만 원 정도는 생활비 대출로 해결하나 부족분 69만4천 원을 결국 부모에게 의존하게 된다. 이 비용이 연간 832만 원이나 되어 중·저소득층 가계가 대학교육비 부담에 휘청이게 된다.

등록금에 생활비를 포함할 경우, 가계의 직접 부담은 사립대생 1인당 연간 1,580만7800원이며 국공립대생은 1,251만700원이다. 또한 사립전문대생은 1,427만8천 원이고 국공립전문대생은 1,073만8천 원이다. 이 액수는 학생 자신이 근로장학금을 받거나 알바 수입을 통해 충당하는 연간 약 940만 원을 제외한 것이다. 어쨌든 등록금과 생활비를 동시에 조달해야 하므로 가계가 받는 부담은 크다.

• 대학등록금과 소득수준

한국의 대학등록금은 가구당 중위소득[19]을 기준으로 볼 때, 가

---

18 박상준기자, 「대학생 한달 117만6000원 쓴다」, 토요기획, 한국일보(2017.06.17).
https://www.hankookilbo.com/News/Read/201706170436493663

19 가구당 중위소득은 보건복지부 장관이 급여 기준 등에 활용하기 위해 국민기초생활보장법 제 20조 제 2항에 따라서 중앙생활보장위원회 심의 의결을 거쳐 고시하는데 월 소득을 나타낸다.

표 1　2020년 및 2021년 가구당 월평균 중위소득(원)

가구원 수	연도	1인	2인	3인	4인	5인
기준	2020	1,757,194	2,991,980	3,870,577	4,749,174	5,627,771
중위소득	2021	1,827,831	3,088,079	3,983,950	4,876,290	5,757,373

자료: 보건복지부(2021)

계에 큰 부담을 주는 수준이다. **표 1**에서 보면, 2021년 4인 가구의 월평균 중위소득은 4,876,290원이다. 이는 사립대학 1년 등록금 747만9,800원의 65%에 지나지 않는다. 여기에 앞에서 제시한 대학생의 생활비를 교육비에 포함해 계산해 보자. 어떤 가정에 사립대생이 1명이면 가계 부담은 연간 등록금 747만 원에다 연간 생활비 중 부모의 지원금 832만 원을 더해 총 1,580만 원이 된다. 자녀 1명이 국공립대생일 때 가계는 총 1,250만 원을 부담한다. 만약, 자녀 2명이 사립대학에 재학 중이면 연간 3,160만 원이 들고, 1명이 사립대에 다른 한 명이 국공립대에 다니면 2,830만 원이 필요하다. **4인 가구 자녀 두 명이 모두 사립대학에 다니면, 연간 총수입 중 54%를 대학교육비로 써야 하며, 자녀가 국공립대와 사립대에 1명씩 다닐 경우, 연간 소득의 48%를 대학교육비로 써야 한다.** 이는 중위소득 기준이니까, 부담이 이보다 더 큰 가계가 전국 4인 가구 가정의 절반에 이른다는 의미이다.

3인 가구의 자녀 1명이 사립대학에 재학하면, 대학교육비는 중위수 가구소득 약 4개월분에 해당한다. 대학생 자녀를 둔 3인 가구 가정의 절반 이상이 이런 고통을 받는다는 말이다. 자녀가 국공립대생이라도 연간 소득의 26%가 필요하다. 자녀가 전문대생이면 훨씬 부담이 가벼울까? **3인 가구의 자녀 1명이 사립전문대에 다니면 연 소득의 30%가 대학교육비가 되고, 국공립대학에 다니면 22%가 된다.** 그러니까 어떤 경우이든 자녀의 대학교육비는 큰 부담이다.

물론, 고소득계층에게는 현재의 등록금이 비싸다고 느껴지지 않을 것이다. 특목고에 자녀를 보낸 학부모들은 이미 초·중등과정에서 이보다 더 비싼 등록금을 경험했기 때문이다. 그러나 생활고에 시달리는 중·저소득계층의 학부모들에게 연간 수백만 원에 달하는 등록금은 엄청난 부담이다.

2. 청년 부채 문제

• 고액 등록금의 부작용

높은 등록금은 여러 가지 부작용을 낳고 있다. 가장 심각한 일은 등록금으로 인해 저소득계층 출신들이 대학교육을 포기하고 있는 것이다. 또한 4년제 일반대학 진학 대신 2/3년제 전문대학을 선택하게 만들기도 한다. 높은 등록금은 대학재학생들에게 심한 경제적 압박으로 작용한다. 이들은 재학 기간 중 등록금과 생활비를 벌기 위한 힘든 노동을 요구받으며, 이로 인해 많은 학생이 학업에 전념하지 못하는 안타까운 상황이다.

특히, 학자금 대출을 받는 학생들이 늘어나고, 이들의 취업률이 낮아지면서 청년 신불자가 양산되고 있다. 표 2는 학자금대출 연체 현황인데, 2020년 7월 말 기준 '학자금 대출자'는 총 240만2,733명이며, 대출금액은 24조3,382억 원에 달하고 있다. 이 가운데 '단기 연체자 수'는 24,034명이며 연체금액은 1,280억 원이다. '부실채무자 수'는 50,550명, 부실 채무액은 3,109억에 이른다. 중·저소득층 청년의 미래에 심각한 문제가 아닐 수 없다. 대학을 졸업하고 사회에 진출하는 희망에 찬 시점에서 이렇게 많은 부채를 떠안고 있는 것은 청년들의 삶을 무겁게 하는 큰 문제가 아닐 수 없다.

표 2 학자금대출 연체 현황(20. 7월말 기준. 명, 단위: 억 원)

구분	학자금대출	연체 현황		
		단기연체	부실채권	합계
대출자 수(명)	2,407,733	24,034	50,550	74,584
대출금액(백만 원)	24,338,200	128,000	310,900	438,900

자료: 강민정 국회의원실

청년들의 사회생활 초기가 원리금을 갚는 일에 바쳐지고, 이로 인해 결혼과 내 집 마련의 꿈이 멀어지고 있어 저출산 문제의 주요한 원인으로 대두하고 있다. 저출산 문제에 대한 해답을 이자 보전 등 곁가지에서 찾을 것이 아니라, 대학등록금과 생활비 등 부채 발생의 원인에서 찾아야 할 것이다.

3. 외국 대학등록금과의 비교

• OECD 회원국들의 등록금

경제협력개발기구(OECD) 회원국들 가운데는 대학등록금을 개인이 부담하는 나라도 있고, 국가가 부담하는 나라도 있다. 한국은 대학교육비 대부분을 학생 본인에게 부담시키는 제도를 시행하고 있고, 대학등록금 수준은 미국, 영국, 호주 등과 더불어 가장 높은 수준이다.

이와 달리, 프랑스, 벨기에, 독일, 스웨덴, 핀란드, 노르웨이, 덴마크, 오스트리아, 그리스, 슬로바키아, 슬로베니아, 헝가리, 폴란드, 스코틀랜드(영국), 스페인 등의 국가들은 대학등록금이 없거나 아주 소액에 불과하다. 독일과 노르웨이 등 일부 국가는 외국인 학생들에게도 등록금을 받지 않는다. OECD 회원국들의 대학등록금 현황은 **표 3**에서 확인할 수 있다.

한국 4년제 일반대학의 연간 대학등록금은 국공립대 US$4,785이며, 사립대학은 US$8,578이다. 국공립대학 등록금은 미국, 일본,

표 3　OECD 회원국 연간 대학 수업료 현황과 소득수준(2017/2018, US$, PPP)

국가	국공립대학		순수 사립대학		1인당 GNI
	전문대	일반대	전문대	일반대	(US$, 2020)
한국	2,717	4,785	6,918	8,578	32,860
프랑스	0	240			42,330
독일	-	136		5,011	46,990
오스트리아		936			51,440
슬로바키아	0	0		2,059	18,700
슬로베니아	0	0	0	0	25,940
네덜란드	2,577	2,577			53,060
이탈리아	-	1,963		6,802	32,200
스페인	0	1,782		7,926	30,360
포르투갈	1,529	1,529			22,000
스위스		1,305		3,238	87,950
일본	3,681	5,090	6,642	8,541	41,580
호주	4,340	4,961	6,544	9,223	53,730
뉴질랜드		4,541			42,450
덴마크	0	0			62,720
스웨덴	0	0			53,800
핀란드	-	0	-	-	49,620
노르웨이	2,469	0	5,432	1,018	78,250
미국	3,156	8,804	14,587	29,478	65,910

출처: 등록금: OECD, Education at a Glance(2020),

소득: Wikipedia https://en.wikipedia.org/wiki/List_of_countries_by_GNI_(nominal)_per_capita

호주에 이어 4번째로 높으며, 순수사립대학의 등록금은 미국과 호주 다음으로 높다. **표 3**에서 제외된 영국은 잉글랜드와 스코틀랜드가 각각 다르다. 잉글랜드는 등록금이 세계 최고 수준이지만, 스코틀랜드는 무상교육이다. 호주, 뉴질랜드, 잉글랜드는 등록금후불제가 실시되고 있다. 이들 국가의 대학생들은 재학 중에 등록금을 내지 않고, 졸업 후 취업을 하면 그때부터 매월 소정의 액수를 납부하고 있다. 대학졸업자들이 내는 세금 같다고 하여, 이를 졸업세(Graduate Tax)라고 부르기도 한다.

어쨌든 한국은 대학생들의 85%가량이 고액의 등록금을 징수하
는 사립대학에 재학하고 있는데, 1인당 소득수준이 미국이나 호주
의 절반을 조금 넘는다는 점을 고려한다면 미국 다음으로 등록금이
높다고 할 수 있다.

4. 교육비 부담 국제비교

• 등록금이 비싼 이유

2008년 이후 13년 동안 대학등록금이 사실상 동결됐음에도 불
구하고, 이렇게 높은 이유는 대학교육에 대한 국가의 재정지원이
아주 적기 때문이다. 통계가 말해 주고 있는 바, **표 4**는 OECD 주요
회원국들에서 고등교육비의 공공 부담과 사적부담의 비율을 비교
한 통계이다. OECD 회원국들은 대학교육비의 평균 68%를 국가가
부담하고 있고, 개인 부담은 29%에 불과하다. 국제기구의 지원도
3%에 달한다. 덴마크, 노르웨이, 핀란드, 오스트리아, 아이슬란드
등은 대학교육비의 90% 이상을 국가가 부담하고, 개인 부담은 학
생회비와 조합비 등 작은 액수에 그치고 있다. 이에 비해 한국은 공
공부담이 38%에 불과하고, 나머지 62%를 개인이 부담한다. 잉글랜
드(영국), 일본, 미국, 호주 다음으로 개인 부담 비율이 높다.

한국의 민간부담 비율이 이렇게 높은 원인은 정부의 고등교육
예산 자체가 작기 때문이다. OECD 회원국 정부들은 고등교육을
위해 GDP 대비 평균 1.0% 정도의 재정을 지원하고 있지만, 한국
은 GDP의 0.6%[20]만을 부담하고 있다. 유럽의 많은 국가들은 대부

20　필자의 계산으로는 2021년 예상 GDP 대비 고등교육예산의 비중

표 4　OECD 주요국 고등교육비 공사부담 비중(%, 2017)

국가	고등교육(최종)		
	공공 부담	사적 부담	국제기구
한국	38	62	–
프랑스	77	21	2
독일	83	15	2
네덜란드	67	30	3
벨기에	82	14	3
이탈리아	62	35	3
오스트리아	91	9	–
일본	31	69	0
호주	36	64	–
뉴질랜드	51	49	0
캐나다	54	46	–
노르웨이	92	7	1
덴마크	99	1	0
스웨덴	84	12	4
핀란드	92	4	5
아이슬란드	90	8	2
영국	25	71	4
미국	35	65	
OECD 평균	68	29	3

자료: OECD(2020), Education at a Glance 2020

분 고등교육에 대한 투자가 많고, 대학생들은 등록금 부담 없이 대학교육을 받는다. 주요국의 GDP 대비 고등교육예산 비중은 덴마크(1.6%), 핀란드(1.4%), 스웨덴(1.3%), 스위스(1.3%), 캐나다(1.2%) 등인데, **표 5**에서 확인할 수 있다. 이 나라들의 대학진학률이 한국보다 훨씬 낮은 점을 고려하면, 이들이 얼마나 고등교육 발전에 정성을 쏟고 있는지 알 수 있을 것이다.

———

은 0.56% 정도였다.

표 5 교육비 부담의 GDP 비중(%, 2017)

국가	공공부담	사부담
한국	0.6	1.0
프랑스	1.1	0.3
독일	1.0	0.2
네덜란드	1.1	0.5
벨기에	1.2	0.2
오스트리아	1.6	0.2
폴란드	1.0	0.2
호주	0.7	1.3
뉴질랜드	0.9	0.9
캐나다	1.2	1.1
노르웨이	1.8	0.1
덴마크	1.6	0.0
스웨덴	1.3	0.2
핀란드	1.4	0.1
아이슬란드	1.2	0.1
미국	0.9	1.7
영국	0.5	1.4
OECD 평균	1.0	0.4

자료: OECD, Education at a Glance(2020)

• 교육재정 지원 방식의 차이

한국과 이들 국가는 재정지원 방식이 다르다. 나일강의 악어가 먹이를 먼저 먹기 위해 필사의 노력으로 동료를 따돌리듯이 한국의 대학들은 죽기살기식 경쟁을 통해 지원을 확보하는데, 결국 대학교육시장의 서열에 따라 각각 크기가 다른 재정지원을 받는다. 그래서 상위서열 대학들은 풍족하게 재원을 확보하고 교육과 연구활동을 한다. 반면, 하위서열 대학들은 교육비 부족에 허덕이게 된다.

유럽의 많은 국가에서는 대체로 학생 수를 기준으로 재정지원을 한다. 그래서 재정의 불균등 지원으로 인한 대학의 서열화가 이루어지지 않는다. 부모 세대가 낸 세금으로 자녀가 무상 대학교육을 받고 있는데, 전국의 대학이 균등하게 발전해 있어서 굳이 대학을 골라서 입학할 필요가 없다. 자신이 사는 지역의 대학에 진학하면, 그 대학이 바로 전국 평균의 좋은 대학인 것이다. 그래서 이들 나라에는 일류대학이니 이류대학이니 하는 식의 구분이 없고, 입시도 없다. 지원자들은 원하는 대학에 대부분 배정된다. 학벌사회가 아니라서, 노동시장에서도 출신대학에 따른 유불리가 없다. 이에 따라 대학 선택에 따른 학생들의 스트레스가 없고, 특정 대학에 입학하기 위해 막대한 사교육비를 투입할 필요도 없다.

5. 열악한 교육환경 – 세계 최저의 교육비

• 대학생1인당 교육비 비교

국가의 고등교육 지원이 적은 사실은 한국 대학생들의 교육환경에 치명적인 문제를 초래하고 있다. **표 6**이 보여주는 것은 학생1인당 교육비 국제비교이다. 이 통계를 보면, 한국의 대학생은 미국, 덴마크, 스웨덴의 초등학생보다 작은 교육비로 공부하고 있다.

2017년 현재, 한국 4년제 대학생들의 1인당 교육비는 US$11,948로서 OECD 평균(US$17,566)의 68%에 불과하고 미국 학생(US$33,000)의 36%, 영국의 41%, 캐나다의 42%, 스웨덴의 44%에 불과하다. 그리고, 프랑스, 독일, 네덜란드, 호주, 캐나다, 스웨덴의 중고교생들과 비교해 보더라도 적은 액수이다. 특히, 한국 전문대학생 1인당 교육비는 연간 US$5,791에 불과해 한국 초등학생 교육비의 절반 수준에 지나지 않으며, OECD 평균의 46%에 불과하다. 주요 국가들과 비교해 보면, 영국과 캐나다 전문대학생의 30%, 덴마크 학생의 32%, 프랑스 학생의 37% 수준이다.

표 6   주요국 학생1인당 교육비 (2017, US$, PPP)

국가	초등학생	중고교생	전문대생	일반대생
한국	11,702	13,579	5,791	11,948
미국	12,592	11,411		33,063
영국	11,604	11,592	19,093	29,131
프랑스	8,319	12,748	15,359	17,442
독일	9,572	13,283	11,284	18,487
네덜란드	9,301	13,889	11,467	20,493
이탈리아	9,160	10,574	4,240	12,277
일본	8,824	11,024	13,617	20,209
호주	10,238	22,640	10,943	23,261
뉴질랜드	8,533	11,117	11,279	17,096
캐나다	10,238	13,891	18,820	27,948
덴마크	13,278	11,164	17,623	18,116
스웨덴	12,189	12,634	6,874	27,167
핀란드	9,633	10,454		17,730
OECD 평균	9,090	10,547	12,422	17,566
EU23 평균	9,269	10,786	13,014	17,126

자료: OECD, Education at a Glance(2020)

한국의 대학생의 1인당 교육비는 중고등학생들의 교육비보다 적어서 한국 정부가 사실상 고등교육 발전을 포기한 것은 아닌가 생각될 정도이다. 재정을 투입하지 않고도 대학교육을 발전시키겠다는 것은 연목구어(緣木求魚)에 지나지 않는다.

그러나 한국의 모든 대학생이 이렇게 열악한 조건에서 공부하는 것은 아니다. OECD 평균 대학생1인당 교육비는 원화로 환산하여 2,260만 원이다. 이 액수는 우리나라 평균 1,374만 원보다는 엄청나게 높은 수치이지만, 한국의 주요 사립대 평균[21] 2,518만 원에

---

21   대학교육연구소의 임은희 연구원은 서울지역 재학생 수 2만명 이상의 대규모대학 중 1인당 교육비가 높은 연세대, 고려대, 성균관대, 한

비해서는 아주 낮은 수준이다. 특히, 서울대는 1인당교육비가 무려 4,825만 원이어서 OECD평균의 두배를 넘는다. 즉, 한국의 일부 상위서열 대학은 OECD 평균보다 훨씬 양호한 교육재정 여건을 확보하고 있다. 이들 대학은 교육여건이 좋지 않아서 연구·교육성과가 부진하다고 말할 수는 없다.

양대, 이화여대 등 5개교를 '주요사립대'라고 분류했는데, 이 분류를 따랐음. (한국대학교육연구소, 2021 참조)

제5장　대학서열 체제

1. 특정 대학 출신들의 사회지배

•'SKY'대학의 사회지배

한국을 전형적인 학벌사회라고 하는데 과연 맞는 말일까? 대학 졸업자들의 사회진출 현황을 조사하다 보면, 소위 SKY대학이라고 불리는 서울대, 고려대, 연세대 등 3개 대학 출신들이 사회 요직을 독점하고 있음을 알 수 있다.

표 7을 통해 이들 3개 대학 출신들의 주요 권력 직종 지배를 확인할 수 있다. 2016년 현재 3급 이상 고위 공무원의 55.2%가 SKY 대학 출신이다. 정부 정책을 집행하는 막강한 권력을 가진 행정부를 사실상 장악하고 있다. 여러 부처의 사업계획을 세우고, 예산을 수립하며 이를 집행하고 감독하는 일 및 각종 인·허가 업무가 이들 특정 대학 출신들의 손에 달려 있다. 법조계는 더욱 심각하다. 2010-2014년에 임용된 법관의 79.8%가 SKY대학 출신으로 민·형사 사건과 관련된 재판에서 이들의 판단으로 유무죄가 결정된다. 최고의 권력기구인 검찰도 사정이 다르지 않다. 역시 2010-2014년에 신규임용된 검사의 68.7%가 또한 이들 대학 출신이다. 거기에다 이 세 대학은 2007-2012년 동안 외무고시 합격자의 81.3%를 배출하여 국가의 외교통상 업무를 독점해 왔다. 법을 만드는 국회의원 분포도 비슷하다. SKY대학 출신들은 제21대 국회의원의 37.3%를 차지하고 있다.[22]

22　21대 국회에서 이 세 대학을 포함해 학부나 대학원이 서울에 있는 소위 '인서울 대학'을 졸업한 당선자가 총 238명(79%)에 이르고 있다.

진출 분야	서울대 · 고려대 · 연세대 출신 비중
3급 이상 고위 공무원 1,411명(2016)	780명 (55.2%)
2010-2014년간 신규 임용된 법관 660명	527명 (79.8%)
2012~2014년에 신규 임용된 검사 348명 (로스쿨 출신자 119명)	239명 (68.7%) (92명; 77.3%)
2007-2012 외무고시 합격자 203명	165명 (81.3%)
제21대 국회의원 300명	112명 (37.3%)
500대 기업 CEO 586명	296명 (50.5%)
25개 신문·방송·통신사의 편집·보도국장 및 정치·경제·사회부장 104명	78명 (74.9%)

자료: 인사혁신처, 「고위공무원단 출신학교 순위비율 현황」; 대학교육연구소, 「통계로 본 학벌사회」. 필자 정리

이 세 대학 출신들의 지배는 경제계와 언론계에도 미쳐서 500대 기업 CEO의 50.5%를 차지했으며, 25개 신문·방송·통신사의 편집·보도국장 및 정치·경제·사회부장 가운데 74.9%가 또한 세 대학 출신들이다. 언론까지도 지배하고 있다는 얘기다. 대학 관련 뉴스 보도 대부분이 'SKY'대학 중심으로 이루어지는 것이 결코 우연이 아니다. (이 통계를 보고도 아무 느낌이 없다면, 감정이 없는 사람이거나 세상일에 완전히 무관심한 정신 노예일 것이다.)

일반대와 전문대를 합해 전국 총 334개의 대학(2019년) 가운데 단 3개 대학의 졸업자들이 권력 직업군을 이렇게 석권하고 있다. 특히, 외교관은 완전 독식이란 말이 어울린다. 몇 개의 가문이 국가권력을 독점했던 신라 시대에서나 있을 법한 상황이다. 그래서 고소득층 학부모들은 자신의 자녀들이 이 학벌에 편입되도록 갖가지 수단과 방법을 가리지 않는다. 'SKY대학 입학에 성공하면 부모가 누

(사교육걱정없는세상)

리던 부와 사회적 지위를 물려받게 될 것이므로 자녀의 사회생활은 탄탄대로가 될 것이다.

　대부분의 학부모들은 대학생 자녀의 학업에 대해서는 크게 관심을 기울이지 않는다. 대학에 들어가기만 하면 된다고 생각하기 때문이다. 학부 입학과 졸업으로 학벌에 편입되므로 굳이 대학원에 진학할 필요도 없다. 대학생들 간 실력 차이가 재학 중에 쌓은 노력의 차이라고 여기지만, 알고 보면 꼭 그렇지 않다. 소수의 대학이 국가로부터 받는 특혜로 인해 학습 여건의 심각한 격차가 발생했을 뿐더러, 대학졸업자 노동시장에서도 일부 불공정한 특혜가 주어지고 있어 공정하다고 보기 어렵다. 이 문제는 뒤에서 더 살펴볼 것이다.

● 'SKY'학생들이 받은 특혜

　소위 'SKY'대학 출신들과 수도권 일반대 출신들이 채용 시 상당한 특혜를 받았다는 증거가 없는 것은 아니지만, 여기서는 일단 실력으로 합격했다고 간주하자[23]. 즉, 특정대학 졸업생들이 순수하게 실력으로 이룬 성과라고 하자. 입시자료들을 분석해 보면, 'SKY'대학 입학생과 그 다음 서열대학 입학생들 사이에 실력 차이가 크지 않다. 수능점수 1~2점 차이로 긴 대열을 형성하고 있을 뿐이다. 그런데도 대졸 노동시장에서 압도적 우위를 차지하게 됐다면, 이들이 도대체 어디에서 이런 실력을 쌓았을까 하는 의문이 들 것이다. 교육시설 차이? 교수진의 차이? 공부하는 분위기? 정확한 사실을 다

─────

23　사실, 사법시험 등에서 일부 출제위원 덕을 보기도 하지만 조작은 불가능할 것이다.

확인하기는 어렵지만, 한 가지는 확실하다. **이들 3개 대학과 다른 대학들 사이에는 엄청난 격차가 존재한다. 바로 국고 지원의 차이다.**

표 8은 2019년 지역별 대학재정지원(일반지원) 현황을 보여주고 있다. 교육부 등 정부의 재정지원은 앞에서 말한 서열체제를 따라 차등 구조를 형성하고 있다. 'SKY'3개 대학 다음에는 수도권 10개 정도의 대학들이 상당한 규모의 지원을 받고 있다. 학자금 지원과 국공립대학 경상비 지원을 제외한 일반지원에서 지방대학의 대학당 지원액은 수도권의 1/2 수준이다. 수도권대학의 대학당 지원액은 225억 원인데 비해 지방대학의 대학당 지원액은 121억 원으로 큰 차이를 보인다.

또한 4년제 대학과 전문대학 간에도 지원 규모에 차이가 크다. 수도권 4년제 대학의 대학당 지원액은 336억 원을 넘지만, 전문대학은 수도권과 지방 모두 대학당 지원액이 34~35억 원에 그쳐 그 격차가 10배 정도에 이르고 있다. 전문대에 대한 대학별 지원액은 지방 일반대학의 185억 원과도 5배 이상 차이가 난다. 수도권대학과 지방대학, 일반대학과 전문대학 간에 차별지원이 확실하다.

대학재정지원 사업 중 일반지원은 **수도권대>지방대학>전문대**임을 알 수 있다. 여기서 지방국립대를 따로 분리한다면, 재정지원액

표 8　2019년 지역별 대학재정지원(일반지원) 현황(단위: 교, 백만 원)

구분	수도권			지방			합계		
	대학수	금액	대학당	대학수	금액	대학당	대학수	금액	대학당
대학	73	2,456,499	33,651	125	2,315,517	18,524	198	4,772,017	24,101
전문대학	43	149,314	3,472	93	316,739	3,406	136	466,052	3,427
전체	116	2,605,813	22,464	218	2,632,256	12,075	334	5,238,069	15,683

* 학자금지원, 국공립경상비 지원 제외

** 본교와 분교 분리

을 기준으로 **수도권대학 > 지방국립대 > 지방사립대학 > 전문대**라는 서열체
제를 확인할 수 있다. 대학별 재정지원의 차이가 대학서열을 유지·
강화하는데 상당한 역할을 한다는 점이 확인된다.

2. 소득계층과 부의 세습

•출신계층별, 출신대학별 소득격차

출신대학에 따라 소득 차이가 크다. 서울 소재 일반대학과 지방
대학 및 전문대학 졸업자 사이에 커다란 소득격차가 존재한다. 부
모소득에 따른 자녀의 대학진학 유형과 첫 일자리 임금수준을 조사
한 결과가 이를 보여주고 있다. 한국교육개발원의 「교육격차 실태
종합분석(2017)」 보고서에 따르면, 부모의 사회경제적 지위가 높을
수록 자녀가 좋은 대학에 진학할 뿐 아니라 첫 일자리에서 받는 임
금도 높았다. 부모가 고소득층일수록 자녀는 수도권 소재 4년제 일
반대학에 진학하고 졸업 후 고임금 일자리에 진출했다. 부모가 저
소득층일수록 자녀는 전문대학에 진학해 졸업 후 저임금 노동자가
될 가능성이 컸다.

표 9를 보면, 2014년 대학 졸업생 중 고소득 가정(월 소득 700만
원 이상)의 자녀는 전체의 약 24%가 서울 4년제 대학에 진학했는데,
그들의 첫 일자리 임금은 월평균 242만 원이었다. 이에 비해 저소
득 가정(월 소득 300만 원 이하) 자녀는 서울 4년제 대학에 8.8%만 진
학했고, 첫 임금은 188만 원에 그쳤다. 또한, 같은 해 전문대학 졸업
생을 보면, 저소득가정 자녀 46.4%가 진학했었고 그들의 첫 일자리
임금은 월 160만 원이었다. 고소득가정 자녀는 대부분 일반대학에
진학해서 불과 26.6%만이 전문대학에 진학했는데, 그들의 첫 월급

구분	전문대학				지방대학				서울 4년제			
	소득하위		소득상위		소득하위		소득상위		소득하위		소득상위	
	비율 (%)	임금 (만 원)	비율 (%)	임금 (만 원)	비율 (%)	임금 (만 원)	비율 (%)	임금 (만 원)	비율 (%)	임금 (만 원)	비율 (%)	임금 (만 원)
2008	46.0	156.0	26.0	170.7	22.4	168.7	24.2	205.9	10.1	206.7	27.1	242.4
2009	47.8	153.2	15.5	170.7	21.7	166.9	22.9	211.8	9.0	206.9	32.6	235.7
2010	44.0	156.0	19.2	179.9	21.9	171.7	24.5	210.3	10.4	209.8	29.4	242.0
2011	43.2	158.9	19.2	194.7	22.1	175.0	26.0	196.4	12.4	208.7	30.3	243.8
2012	44.5	158.1	21.7	219.3	21.1	169.1	23.0	209.8	10.9	201.9	26.9	242.7
2013	43.9	157.2	23.6	182.7	24.3	170.6	23.1	181.9	10.2	197.9	29.2	241.4
2014	46,4	160.4	26.6	174.0	24.2	169.1	24.9	184.8	8.8	188.3	24.3	242.3

자료: 한국교육개발원(2017), 「교육격차 실태 종합분석」연구보고 RR 2017 – 07, 2017. 12.

은 174만 원이었다. 반면, 저소득가정 자녀의 첫 일자리 임금은 160만4천 원에 그쳤다. 자녀의 첫 일자리 임금수준이 부모의 소득수준에 의해서 결정됨을 알 수 있다.

또, 고소득계층 출신으로서 서울 4년제 대학을 졸업한 경우는 초봉으로 월평균 242.3만 원을 받았고, 지방사립대학을 다닌 경우에는 184.8만 원을 받았으며, 전문대학 졸업자는 174만 원을 받았다. 한편 저소득계층 출신으로서 서울 4년제 대학을 졸업한 사람은 월평균 188.3만 원을 받았고, 지방사립대학 졸업자는 169.1만 원, 전문대학 졸업자는 160.4만 원이었다. 부모의 소득이 자녀의 입학대학을 결정하고, 다시 소득수준을 결정한다는 점을 확인하는 일은 정말 가슴 아픈 일이다.

같은 서울 4년제 대학을 졸업해도 소득상위계층 출신의 월평균 임금은 소득하위계층 출신의 월평균 임금보다 훨씬 높았다. 지방대학 졸업자 간에도 마찬가지 격차가 있었고, 전문대학 졸업자 간에도 격차가 조사됐다.

3. 출신대학과 임금·소득격차

•출신대학별 임금격차

부모의 소득수준 및 출신대학에 따른 임금 격차는 상당히 크다. 소득 상위계층 출신이 전문대학을 졸업해서 받는 임금(174만 원)이 소득 하위계층 출신이 지방사립대학을 졸업해서 받는 임금(169.1만 원)보다 높았다. 소득계층에 따라 임금 격차가 큰 것은 계층 간 소위 스펙의 차이가 주요 원인일 것으로 추정된다.[24]

소득 상위계층 출신 지방사립대학 졸업자의 평균임금은 184.8만 원으로서, 서울 4년제대학을 졸업한 소득 하위계층 출신의 평균임금 188.3만 원과 차이가 크지 않았다. **출신배경보다 출신대학에 따른 임금 격차가 더 컸다는 의미이다.** 학벌사회의 특징이 확연하게 드러나고 있다.

그림 1에서 출신대학별 임금격차를 확인할 수 있다. 2014년 당

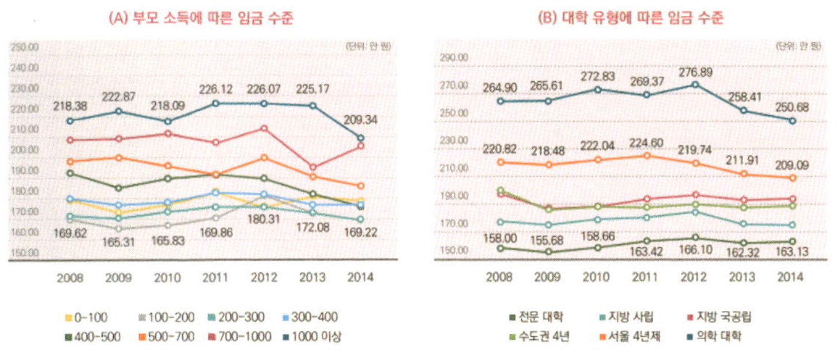

그림 1　부모소득, 대학유형에 따른 첫 일자리 임금수준(만 원)

출처: 한국교육개발원(2018), KEDI Brief 2018-02호

24　외국어 관련 사교육 경험이 있는 대학생을 출신 계급별로 대비할 경우, 자본가계급 39.05% vs 쁘띠부르주아 23.75% vs 중간계급 42.65% vs 노동자계급 23.71%로 나타났고, 해외연수 경험에서는 각각 12.38% vs 7.05% vs 19.12% vs 5.20%로 조사되어 계급별 스펙의 차이가 큼을 알 수 있다.(신광영·문수연, 2012)

시, 서울 소재 4년제대학 졸업생들의 첫 일자리 임금은 평균 209만 원이었다. 그다음 지방 국공립대학, 수도권 4년제 대학, 지방사립대학, 전문대학 졸업생들의 순이었다.

• 고학력자들의 좋은 일자리 독점

학벌사회의 대졸자들은 전체적으로 고임금 직종을 지배하고 있다. 대졸자들은 자신의 학력을 배경으로 고임금 직종을 차지하고 있고, 고졸이나 그 이하의 학력자들은 불안정한 직종이거나 승진 등이 제한된 직종에 종사하게 된다. 그래서 낮은 서열의 대학이라도 졸업하는 것이 고졸로 사회생활을 하는 것보다 유리하다. 이러한 학력에 따른 차이는 자료에서 확인되고 있다.

표 10은 한국고용정보원에서 조사한 직종별 실제 학력 분포 자료이다. 직장인 17,143명을 대상으로 한 이 조사에서 학력이 대졸이라고 답한 응답자의 비율은 '경영·사무·금융·보험직'의 65.9%, '교육·법률·사회복지·경찰·소방직 및 군인'의 63.7%, '예술·디자인·방송·스포츠직'의 62.2%, '보건·의료직'의 51.4%, '연구직 및 공학 기술직'의 51.0%를 차지하고 있었다. 고임금직종을 대졸자들이 차지한 것이다.

한편, 고졸 이하가 많은 직종은'농림어업직'(75.3%), '건설·채굴직'(74.2%), '설치·정비·생산직'(59.1%), '영업·판매·운전·운송직'(49.4%), '미용·여행·숙박·음식·경비·청소직'(43.9%) 등으로서 저임금에 승진이 어려운 이들 직종에 고졸 이하 학력자가 많았다.

이 보고서에 의하면 **고학력층은 사회적 평판이 높고, 직업 안정성도 높을뿐더러, 발전 가능성이 크고, 근무조건도 양호하며, 직무만족도가 높고, 승**

직업대분류	고졸 이하	전문대졸	대졸	대학원졸 이상	응답자수
경영·사무·금융·보험직	7.9	10.6	65.9	15.5	2,933
연구직 및 공학 기술직	1.9	9.6	51.0	37.6	3,254
교육·법률·사회복지·경찰·소방직 및 군인	5.2	13.7	63.7	17.4	1,051
보건·의료직	4.7	14.8	51.4	29.2	1,178
예술·디자인·방송·스포츠직	10.6	12.3	62.2	15.0	2,178
미용·여행·숙박·음식·경비·청소직	43.9	30.5	24.6	0.9	1,441
영업·판매·운전·운송직	49.4	15.2	32.1	3.3	1,117
건설·채굴직	74.2	12.2	12.9	0.7	720
설치·정비·생산직	59.1	22.8	17.3	0.8	2,971
농림어업직	75.3	12.0	12.0	0.7	300
전체	25.3	15.3	44.2	15.2	17,143

자료: 한국고용정보원(2020), 「2019 한국의 직업정보」, 2020. 12.

진 만족도가 높으며, 소득이 높아 자녀에게도 권하고 싶은 직종에 주로 종사하고 있었다.[25] 이와 반대되는 직장 즉, **사회적 평판이 낮고, 안정성도 낮으며, 발전 가능성도 작고, 근무조건도 불량하며, 직무만족도가 낮고, 승진 만족도가 낮을 뿐 아니라 소득도 낮아 자녀에게 권하고 싶지 않은 직종은 저학력층이 차지했다.** 왜 개혁이 필요한지 분명히 보일 것이다.

4. 차별과 독점 – 중상주의적 특혜

•SKY대학의 재정 독식

중상주의의 특징 가운데 하나는 바로 공정한 경쟁을 가로막는 특혜와 특권의 부여이다. 'SKY'대학을 비롯한 수도권대학과 지방

25　저학력층이 주로 근무하는 직종들은 '퇴근 후에 업무 걱정을 하는 일이 별로 없다'는 점이 유일한 장점으로 조사됐다. (한국고용정보원 (2020), 「2019한국의 직업정보」, pp.106-107)

표 11 서울대-고려대-연세대 국비지원액(2013-2017년, 단위: 명, 천 원)

연도	학교명	학생 수		지원액	
		학생 수(명)	비율(%)	지원액(천 원)	비율(%)
2013	서울대	16,712	0.73	715,523,284	6.80
	고려대	20,105	0.87	155,113,252	1.50
	연세대	19,226	0.83	175,558,548	1.70
	3개 대학 합계	56,043	2.44	1,046,195,084	10.0
	전체대학	2,292,858	100	10,507,432,485	100
2014	서울대	27,986	1.1	807,551,519	7.1
	고려대	29,387	1.1	187,297,775	1.7
	연세대	31,061	1.2	204,318,510	1.8
	3개 대학 합계	88,434	3.4	1,199,167,804	10.6
	전체대학	2,582,849	100	11,344,906,945	100
2015	서울대	28,490	1.1	836,391,628	6.7
	고려대	29,511	1.2	208,899,508	1.7
	연세대	31,191	1.2	228,117,304	1.8
	3개 대학 합계	89,192	3.5	1,273,408,440	10.2
	전체대학	2,559,229	100	12,462,203,551	100
2016	서울대	28,630	1.1	851,434,754	6.8
	고려대	29,540	1.2	190,712,911	1.5
	연세대	31,007	1.2	221,775,449	1.8
	3개 대학 합계	89,177	3.5	1,263,923,114	10.1
	전체대학	2,521,575	100	12,545,094,208	100
2017	서울대	28,390	1.1	861,043,749	6.6
	고려대	29,859	1.2	222,035,485	1.7
	연세대	30,783	1.2	250,408,047	1.9
	3개 대학 합계	89,032	3.5	1,333,488,047	10.2
	전체대학	2,542,649	100	13,046,518,252	100

자료: 박찬대 국회의원실(2018)

대학 및 전문대학에 대한 중상주의적 차별을 확인해 보자. 필자가 중상주의적이라고 표현하는 것은 일방적 차별이기 때문이다. 우선 'SKY'대학과 다른 대학은 지원받는 규모가 다르다. **표 11**은 박찬대 국회의원실에서 공개한 서울대·고려대·연세대 등 3개 대학에 대한 5년간의 국비 지원액 자료이다.

5년 자료 중 마지막 해인 2017년 자료를 보면, 전국 334개 대학에 대한 총지원액 13조465억 원 가운데 이들 3개 대학에 지원한 돈이 1조3,334억 원으로서 전체의 10.2%에 달했다. 서울대 8,610억 원, 고려대 2,220억 원, 연세대 2,504억 원이다. 당시 이들 3개 대학의 재학생 수는 89,032명으로서 한국의 전체 대학생 가운데 3.5%에 불과했다. 지방대학의 정원이 축소되고 있는 상황에서 이들 3개 대학의 학생 수 비중이 계속 증가한 것도 놀랍지만, 재정지원이 매년 전체의 10% 수준을 유지한 것 역시 놀라운 일이 아닐 수 없다.

이들 3개 대학에 대한 지원액은 전체 수도권대학의 한 학교당 평균 지원액(2019년) 336억 원과 비교되지 않는다. 수도권에 함께 있다고 해서 다 같은 수도권대학이 아니라는 얘기다. 특혜와 특권이라고 부르지 않을 수 없다. 오로지 이 3개 대학만이 누리는 특혜는 여기에서 그치지 않는다. 기업들 역시 이들 대학을 집중적으로 지원하고 있다. 'SKY'대학에는 국내 유명 기업들이 기증한 건물들이 늘어서 있다. 일반대학들은 주로 학생등록금으로 건물을 건축하지만, 'SKY'대학은 건물 신·증축에 등록금을 거의 사용하지 않는다. 그러니 이들은 교육환경 개선이나 교수의 연구지원에 더욱 많은 기금을 투입할 수 있고, 거액을 적립할 수도 있다. 2011년 법인화된 서울대는 국공립대학에만 주는 국공립대학경상운영비를 계속 받고 있다.

•상위권대학의 재정 나눠 갖기

대학에 대한 지원은 교육부만 하는 것이 아니라 정부의 다른 부처들도 대학에 대해 재정을 지원하는데 그 규모가 상당하다. 문제

표 12　2019년 정부부처 대학재정지원(일반지원) 상위 10개 대학(단위: 백만 원, %)

교육부			교육부 외 타 부처		
대학	지원액	비중	대학	지원액	비중
서울대	98,153	3.9	서울대	272,487	9.9
연세대	70,438	2.8	연세대	178,124	6.5
성균관대	63,970	2.6	고려대	148,610	5.4
고려대	62,985	2.5	성균관대	110,575	4.0
부산대	62,215	2.5	한양대	79,339	2.9
경북대	58,592	2.4	부산대	78,719	2.9
전남대	53,284	2.1	포항공대	77,377	2.8
전북대	46,450	1.9	경북대	66,902	2.4
충남대	45,348	1.8	경희대	63,368	2.3
강원대	41,628	1.7	한국기술교대	60,339	2.2
소계	603,063	24.2	소계	1,135,841	41.3
전체*	2,487,108	100.0	전체	2,750,961	100.0

※ 학자금지원, 국공립 경상비지원 제외. 본교와 분교 분리

* 전체: 교육부 소관 4년제 대학 198교 및 전문대학 136교 대상 지원액

는 이 지원이 더욱 공정하지 못한 것에 있다. **표 12**에 교육부 등 정부 부처들의 대학재정지원(일반지원) 현황이 나타나 있다. 지원액 상위 10개 대학에 대한 지원과 그것이 전체에서 차지하는 비중을 알 수 있다.

2019년 교육부는 총 2조4,871억 원(47.5%)을 전국의 모든 대학에 지원했고, 교육부 외 21개 부처가 총 2조7,510억 원(52.5%)을 지원했다.[26] 일반지원에서는 교육부보다 타 부처의 지원총액이 좀 더 크다. 그 배분에 있어, 교육부는 'SKY' 대학과 성균관대 외에는 주로

---

[26]　과학기술정보통신부가 전체 지원액의 29.5%(1조 5,446억 원)를 지원하고 있으며, 산업통상자원부(3,156억 원, 6%), 중소벤처기업부(1,936억 원, 3.7%) 등이 대학에 대해 큰 액수를 지원하고 있다.

지방 거점 국립대를 많이 지원하고 있었으나, 타 부처들은 오로지 수도권 일부 대학만을 중점 지원했다. 전체의 41.3%를 지원액 상위 10개 대학에 배분했다.

타 부처 재정지원에서는 서울대·고려대·연세대 3개 대학의 독점도가 더욱 강해서 이들에 대한 지원이 전국 334개 대학의 총 지원금 가운데 21.8%에 달했다. 교육부가 아닌 타 부처들은 수도권 대학에 대학당 136억 원을 지원했지만, 지방대학에 대한 지원은 대학당 평균 54억 원에 불과했다. 정부 부처들이 행하는 이러한 불공정은 대학서열을 공고하게 하는 역할을 하고 있다.

5. 불공정 게임의 정착

•전국적 대학서열의 형성

특정 대학에 거듭 제공되는 특혜는 수도권대와 지방대, 국립대와 사립대, 일반대와 전문대 재학생들 간 교육여건 격차를 크게 확대하고 있다. 대학별 학생1인당 교육비를 비교하면 엄청난 차이가 확인된다. 표 13에서 주요 국공립대학과 주요 사립대학 및 주요 전문대학의 학생1인당 교육비를 확인할 수 있다. 여기서 수도권 주요사립대는 소위 13개 독과점대학[27]을 지칭한다. 2020년 현재, 학생1인당 교육비는 서울대 48,287,883원, 고려대 24,559,193원, 연세대 30,591,101원, 성균관

---

[27] 건국대, 경희대, 고려대, 동국대, 서강대, 서울대, 서울시립대, 성균관대, 숙명여대, 연세대, 이화여대, 중앙대, 한국외대, 한양대, 홍익대 등 15개대학을 필자는 독과점대라고 부른다. 행동이 산업부문의 독과점기업과 비슷하기 때문이다. 여기서는 서울대와 서울시립대를 제외하고 13개 독과점대학이라고 했다.

표 13   국공립대/주요사립대/주요전문대 학생1인당 교육비 비교(2020)

국공립대	학생1인당 교육비(원)	주요 사립대	학생1인당 교육비(원)	전문대 (5천명이상)	학생1인당 교육비(원)
강릉원주대	15,494,640	건국대	15,990,918	경남정보대	9,352,849
강원대	16,413,755	경희대	16,480,634	경복대	12,165,900
경북대	17,300,889	고려대	24,559,193	계명문화대	11,208,257
경상대	16,321,408	동국대	14,739,781	구미대	10,842,773
공주대	11,721,149	서강대	18,024,222	대구보건대	9,668,531
군산대	16,496,281	성균관대	27,885,103	대림대	10,352,407
목포대	14,555,766	숙명여대	14,491,687	동서울대	9,889,583
부경대	14,411,301	연세대	30,591,101	동양미래대	10,563,541
부산대	19,203,883	이화여대	19,075,139	동의과학대	10,129,796
서울과기대	14,611,666	중앙대	17,223,235	마산대	9,575,868
서울시립대	14,793,911	한국외대	11,345,010	명지전문대	9,964,838
순천대	14,645,703	한양대	21,357,031	백석문화대	10,327,352
안동대	15,659,714	홍익대	12,391,868	부천대	11,087,395
전남대	16,782,580	국민대	14,757,081	서영대	9,448,391
전북대	17,785,071	광운대	14,327,089	서일대	9,690,042
제주대	17,412,846	덕성여대	12,825,624	수원과학대	8,377,870
창원대	13,873,984	명지대	13,792,188	신구대	9,891,485
충남대	17,662,159	상명대	12,726,262	연성대	10,204,109
충북대	16,821,303	서울여대	12,278,632	영남이공대	10,397,686
교통대	15,908,193	세종대	15,857,591	영진전문대	11,575,543
한밭대	14,370,878	숭실대	13,224,918	인덕대	9,672,694
서울대	48,287,883	한성대	12,496,919	인하공전	10,707,710
인천대	16,376,044	가천대	14,136,254	제주한라대	7,170,078
		경기대	11,307,490		
		경남대	10,951,455		
		계명대	13,620,616		
		단국대	13,467,264		
		대구대	12,230,579		
		동서대	11,554,244		
		동신대	11,948,362		
		동아대	12,055,632		
		동의대	10,569,582		
		목원대	10,732,588		
		배재대	11,711,900		
국립대학법인 포함		상지대	10,915,447	소규모 전문대학 제외	
교육대학 · 산업대학 등 제외		서원대	11,870,949		
		수원대	11,070,641		
		신라대	10,612,298		
		영남대	14,008,877		
		원광대	14,126,839		
		조선대	12,980,494		
		중부대	9,333,598		
		청주대	11,571,994		
		평택대	11,300,007		
		한라대	10,905,940		
		한림대	21,389,403		
		한남대	11,881,315		
		호서대	12,108,332		

자료: 대학알리미(2021) 자료를 필자가 편집함

대 27,885,103원, 한양대 21,357,031원, 이화여대 19,075,139원으로 여타 대학들을 압도한다. 이들 대학의 1인당 교육비는 주요 국립대학들보다 훨씬 크다. 수도권 대학 다음으로 교육비가 큰 대학들은 지방 국공립대학들이다. 지방사립대학 중 가천대·영남대·원광대는 1인당 교육비가 1천4백만 원대로서, 수도권의 교육비 하위대학들과 비슷한 수준이다.[28]

학생1인당 교육비는 자연과학/공학계열의 비중이 큰 대학이 인문사회계열이 큰 대학보다 높은데, 등록금과 산학협력회계 규모가 크기 때문이다. 어쨌든 학생1인당 교육비가 많을수록 학생들의 교육환경도 좋다고 말할 수 있다.[29]

그룹별로 학생1인당 교육비를 비교하면, **'SKY'대학 〉 수도권 주요 대학 〉 국립대학 〉 지방사립대학 〉 전문대학**의 계층화된 서열을 확인할 수 있다. 같은 대학생이지만 서울대생은 1인당 연간 4,800만여 원, 연세대와 고려대를 포함하는 수도권 주요 대학은 1,700만 원, 지방

---

28 사립대학의 학생1인당 교육비는 교비회계, 산학협력단회계, 도서구입비, 기계기구매입비를 합친 총교육비를 재학생 수로 나눈 값이다. 국공립대학의 총교육비는 대학회계, 발전기금회계, 산학협력단회계, 도서구입비, 기계기구매입비로 구성된다. 국립대학법인은 법인회계, 발전기금회계, 산학협력단회계, 도서구입비, 기계기구매입비로 구성된다.

29 이 표에 포함되지 않은 과학기술특성화대학들의 재학생 수와 1인당교육비는 다음과 같다. 광주과학기술원(2,052명) 7,968만 원, 대구경북과학기술원(1,463명) 9,618만 원, 울산과학기술원(4,010명) 5,718만 원, 한국과학기술원(10,670명) 7,196만 원, 포항공과대학교(3,176명) 1억227만 원이다.

국립대생들은 평균 1,500만 원 내외, 지방사립대학생들은 1,100만 원, 전문대생들은 평균 900만 원 정도의 교육비로 공부하고 있다.

가계사정으로 **일반고 졸업 후 중하위서열대학에 진학한 학생들은 정부의 재정지원도 거의 받지 못한다.** 임금이 높고 안정성이 높은 **좋은 일자리도 특목고·자사고 출신의 상위권대학 출신들이 먼저 골라잡는다.** 이를 과연 **공정한 사회, 공정한 경쟁**이라고 할 수 있을까?

6. 법학전문대학원의 反계급성

법학전문대학원(로스쿨) 제도는 높은 등록금과 수업연한으로 인해 저소득층의 접근이 어려울뿐더러 이를 통해 학벌주의가 강화되고 있어 반계급적이다. 2008년 제정된'법학전문대학원 설치·운영에 관한 법률'은 당시 사립학교법 개악과 함께 여야의 야합으로 이뤄진 것이다. 이에 따라 2009년부터 전국 25개 대학에 3년제 법학전문대학원이 설치되었으며, 2017년부터는 사법시험 제도가 폐지되었다. 중·저소득계층 출신이 혼자의 노력으로 법조인이 될 수 있는 길이 차단된 것이다. 비싼 등록금을 감당할 수 있는 사람만 로스쿨에 진학할 수 있게 되고, 이 로스쿨 졸업생만 대형 법률기업(로펌)의 변호사나 판사·검사 등 권력직에 진출하게 됐다. 로스쿨 졸업생들 대부분이 최상류계층 출신이기 때문에, 여기서 배출되는 법조인들이 계급편향적이 될 가능성이 크다. 노사분규, 대기업과 중소기업 간의 분쟁, 기득권층과 서민 간의 쟁송에서 공정하게 법률을 적용하지 않을 가능성이 커졌다.

로스쿨들의 등록금이 비싸서 중·저소득층 학생들이 진학할 수 없다는 주장을 보자. **표 14**에는 국내 로스쿨들의 등록금과 저소득계

표 14   법학전문대학원 저소득층 비율 및 연간 등록금(2021)

구분	대학원	재학생 수(A)	소득3분위 이하 학생(B)	저소득층비율 (B/A, %)	연간등록금 (천 원)
국공립	강원대	124	22	17.7	10,050
〃	경북대	398	51	12.8	10,344
〃	부산대	400	65	16.2	9,908
국립대법인	서울대	514	50	9.7	13,298
국공립	서울시립대	144	27	18.7	10,040
〃	전남대	376	62	16.5	10,490
〃	전북대	273	34	14.4	10,406
〃	제주대	135	14	10.4	10,440
〃	충남대	327	58	17.7	9,648
〃	충북대	245	36	14.7	9,824
사립	건국대	119	26	21.8	15,224
〃	경희대	211	30	14.2	16,982
〃	고려대	401	28	7.0	19,500
〃	동아대	260	52	20.0	15,902
〃	서강대	129	19	14.7	15,598
〃	성균관대	367	48	13.1	18,608
〃	아주대	160	20	12.5	16,958
〃	연세대	421	41	9.7	19,452
〃	영남대	217	42	19.4	16,078
〃	원광대	188	38	20.2	16,000
〃	이화여대	334	43	12.9	16,309
〃	인하대	173	17	9.8	16,276
〃	중앙대	153	19	12.4	16,450
〃	한국외대	160	20	12.5	15,394
〃	한양대	338	39	11.5	17,114
계		6,657	901	13.5	-

자료: 교육부, 대학알리미

층 재학 비율이 나와 있고, 이를 통해 이 주장이 확인된다.

등록금이 연간 최저 982만 원(충북대)에서 최고 1,950만 원(고려대)에 이르는데 직업을 갖지 않고 3년간 다녀야 하므로 노동자와 서민 자녀의 진학은 사실상 차단된다. 2021년 현재 전국 로스쿨 재학생 6,657명 가운데 소득3분위 이하 가계 출신은 901명으로서 전체의 13.5%에 불과하다. 특히, 고려대 로스쿨이 7.0%이고 서울대와 연세대가 9.7%로서 사실상 판검사와 변호사 배출을 독점하고 있는 SKY대학에서 저소득층 출신을 찾아보기 어렵다.

언론보도에 따르면, 2021학년도 SKY 로스쿨에 입학한 SKY대학 출신은 87.1%였다. 학교별로 보면 서울대 로스쿨 신입생 153명 중 138명(90.2%), 연세대 신입생 126명 중 108명(85.7%), 고려대 신입생 124명 중 105명(84.7%)이 SKY 학부 출신이었다. 그리고 2021년 국내 대형 로펌 5곳(김앤장·태평양·세종·율촌·화우) 입사자 중 80.6%는 SKY를 졸업한 것으로 집계됐다. 또, 서울지역 로스쿨 중 SKY 학부 출신 비율은 90.2%였다. (세계일보, 「'SKY 학부 → SKY 로스쿨 → 대형 로펌 취업' 공식화 [연중기획-끊어진 계층이동 사다리], 2021.6.30)

SKY대학 출신이 아니면 서울지역 로스쿨에 들어가기 어렵다는 것을 의미한다. 법조계의 학벌 구성이 보인다. 로스쿨 제도의 도입 취지는 국제화 시대에 걸맞은 전문화되고 다양한 법조인을 양성하고 국민의 다양한 기대와 법률서비스의 질을 향상하기 위한 것이었지만 실제 그렇게 운영되지 않는다. 교과목이 시험과목 위주로 편성돼 있고 특성화·전문화 교육도 크게 부족하며, 학사관리 역시 부실하다는 지적이 많다.

제6장   상위권대학 입학생들의 특성

대학생으로서 또래보다 많은 특혜성 지원을 받고도 남들과 실력이 비슷하거나 실력이 늘지 않는 학생은 없을 것이다. 'SKY'대학생과 수도권 일부 대학의 재학생들은 남들이 누릴 수 없는 특혜를 받고, 타대학에 재학 중인 동료들보다 월등하게 좋은 환경에서 공부한다. 그러기에 입학 초기의 미미한 차이가 점차 확대되어 졸업 시점에서 제법 큰 실력 차이를 보이는 것이 아닐까?

슈바이처 박사라면 이를 용인하지 않을 것이다. 그렇지만, 마태복음에 나오는 포도원 주인처럼 가난한 자의 것을 빼앗아 부유한 자에게 주는 것이 공정이라고 생각하는 사람도 있다. 똑똑한 사람에게 몰아주고 그들의 사회지배를 용인하자는 것이다. 그렇다면, 그 대학에 누가 어떻게 들어가는지 확인하는 일이 필요하다.

1. 국립대생과 사립대생의 출신배경 비교

• 국립대학과 저소득계층

'SKY'대학과 수도권 사립대학에 고소득계층 출신이 많이 재학한다는 것은 확실한데, 비수도권 지역에 소재한 거점국립대학과 사립대학 중 부유한 환경의 학생들이 더 많이 다니는 곳은 어디일까? 신입생 중 일반고 출신 학생들의 비율을 보면, 그 대학 입학생들의 출신배경을 어느 정도 파악할 수 있다.[30] 표 15에 2020년 주요 국립

---

30   일반고가 아니면 대부분 특수목적고(영재고, 과학고, 외국어고, 예술고·체육고, 자사고) 출신이기 때문이다. 구 실업계 고교인 특성화고가 있지만, 대학진학자 수는 많지 않으며 마이스터고 출신은 산업체 경

표 15   2020년 주요 국립대와 주요 사립대 일반고 출신 신입생 비율(%)

거점 국립대	지역 주요 사립대학
경북대 (69.8%)	영남대 (79.4%) 대구대 (74.2%) 계명대 (73.4%)
안동대 (79.8%)	동양대 (82.6%) 대구가톨릭대 (78.7%)
부산대 (76.9%)	동아대 (79.9%) 경성대 (77.2%) 동의대 (77.9%)
부경대 (77.4%0	신라대 (73.0%) 동명대 (68.0%) 인제대 (79.0%)
충북대 (79.6%)	청주대 (82.7%) 서원대 (80.0%) 세명대 (87.7%)
교통대 (80.0%)	극동대 (92.2%) 중원대 (76.4%) 유원대 (73.6%)
충남대 (77.4%)	한남대 (78.8%) 배재대 (79.7%) 대전대 (77.6%)
공주대 (78.3%)	호서대 (83.1%) 순천향대(84.3%) 남서울대(84.6%)
전북대 (81.7%)	원광대 (83.1%) 전주대 (81.5%) 우석대 (77.1%)
군산대 (81.1%)	
전남대 (83.3%)	조선대 (82.3%) 동신대 (78.3%) 세한대 (72.8%)
순천대 (71.6%)	호남대 (77.6%) 광주대 (80.8%)
경상대 (82.8%)	경남대 (79.2%) 인제대 (79.0%) 창신대 (75.9%)
창원대 (79.7%)	
강원대 (86.6%)	상지대 (81.3%) 한림대 (82.9%)
강릉원주대 (86.3%)	가톨릭관동대 (81.5%) 한라대 (86.4%)
제주대 (82.9%)	
인천대 (82.0%)	한신대 (87.4%) 가톨릭대 (80.3%) 아주대 (71.0%) 수원대(83.7%) 명지대 (82.7%) 가천대 (78.8%) 경기대 (83.2%) 강남대 (87.3%) 단국대 (75.8%)
서울대 (49.9%) 서울시립대(70.1%) 서울과기대(70.5%)	고려대 (57.3%) 연세대 (47.3%) 서강대(51.6%) 성균관대 (53.9%) 건국대(66.2%) 경희대(60.5), 동국대(68.8%) 중앙대(56.8%) 한국외대(65.8%), 한양대(54.5%) 홍익대 (78.7%) 이화여대(60.2%) 숙명여대(65.7%) (수도권 15개 대학 전체: 60%) 세종대(70.9%) 덕성여대 (81.8%) 서울여대 (79.1%) 국민대 (70.1%) 광운대 (69.6%) 명지대(82.7%) 성신여대(75.2%) 삼육대(80.9%) 숭실대(73.9%) 한성대(78.5%) 성공회대(64.1%)

출처: 대학알리미

력자가 아니면 대학에 진학할 수 없다.

대학(국립대학법인 포함)들과 주요 사립대학들의 신입생 중 일반고 출신 비율이 나타나 있다. 일반고 출신 입학비율을 비교하면 어떤 대학에 어떤 계층 출신이 상대적으로 많이 입학하는지를 간단하게 파악할 수 있다.

이 자료에서 알 수 있는 것은 일반고 출신들의 입학 비율이 **지방사립대학>지방국립대학>서울사립대학**의 순서대로 높아, 예의 그 서열 구조가 그대로 나타난다는 사실이다. 특수목적고 졸업생의 비율은 이와 정반대로 나타나고 있다. 전문대의 일반고 출신 비중이 낮은 것은 일반고 출신들의 선호도가 높지 않고, 특성화고 출신들이 많이 입학하고 있기 때문이다.

국립대학은 저소득계층 출신을 외면하고 있다. 등록금이 낮은 국립대학이 저소득계층 학생들을 대거 받아들여 서민들의 교육비 부담을 낮춰주고 있는 것으로 알려져 있지만, 이는 사실과 다르다. 경제·사회·문화가 서울에 집중된 조건에서 지방에 소재한 국립대학들의 위상은 과거에 비해 크게 낮아졌다. 그렇지만 지방국립대학은 지방사립대학보다 상위 서열에 위치하여 일반고 출신 신입생 비중이 작다. 경제적 배경이 우월한 학생들이 주로 지방사립대학보다 국립대학을 선호하기 때문에 국립대학 신입생의 일반고 출신 비율이 지방사립대학보다 낮은 것이다.

• 대표대학 신입생 분석

SKY>수도권사립대>지역국립대>지역사립대>전문대라는 대학서열 체제에서 각 서열의 대표대학을 선정하여 출신고교별 입학 비중을 비교해 보는 것도 의미 있다. 이를 위해 수도권 대학 대표로 서울 중구의 D대학, 국립대학 대표로 전북소재 C대학, 지방사립대학 대표로 청주의 C대학, 수도권 전문대학 대표로 서울 S대학, 지방 전문대학 대표로 대구 Y대학을 선정했다. 이 대학들은 대체로 그 그룹의 중간 순위에 있는 대학들이다.[31] 비교를 위해 서울대를 포함했다.

표 16에서 대학별 자세한 자료를 확인할 수 있다. **2020년 서울대 입학생 중 일반고 출신 비율이 모든 대학 가운데 가장 낮으며(49.9%), 영재학교 출신을 독점(8.3%)하다시피 하고 있고, 특목고와 자율형고 출신을 합한 비율은 가장 높고(38.5%), 특성화고 출신은 거의 없다(0.3%).[32]**

한편, 서울 중위권 서열이면서 수도권 주요 15개 대학에 속하는

표 16　그룹별 대표대학 2020년 신입생 출신고교 비율(단위 %)

대학	일반고	특목고			특성화고	자율고	영재학교	검정고시 기타
		과학고	외고 · 국제고	예술 · 체육고				
서울대	49.9%	3.6%	10.1%	5.3%	0.3%	19.5%	8.3%	3.0%
서울 D대	68.8%	0.2%	4.0%	1.5%	6.4%	12.6%	0	6.3%
국립 C대	81.7%	0.2%	0.8%	0.8%	1.8%	10.5%	0	4.3%
지방 C대	82.7%	0	0.4%	0.8%	6.9%	6.0%	0	3.1%
서울 S대 (전문대)	73.5%	0	0.1%	0.2%	12.6%	9.3%	0	4.3%
지방 Y대 (전문대)	46.2%	0	0	0,1%	36.4%	7.8%	0	9.4%

자료출처: 대학알리미

31　동국대, 전북대, 청주대, 서일대, 영진전문대가 필자가 선정한 그룹 대표대학이다.

32　영재학교 출신들은 연세대 입학생의 2.6%, 고려대 입학생의 1.9%, 카이스트 입학생의 22.2%, 포항공대 입학생의 10%를 차지하지만, 나머지 대학들에는 거의 입학하지 않는다.

D대학의 같은 해 신입생은 일반고(68.8%), 과학고(0.2%), 외고·국제고(4%), 예술·체육고(1.5%), 특성화고(6.4%), 자율고(12.6%), 영재학교(0), 검정고시(0.6%), 기타(5.8%)로 구성돼 있다. **D대학은 서울지역의 유명 대학임에도 불구하고, 서울대와 비교해 일반고 출신 비율이 훨씬 높고 특목고 출신은 적다. 그리고 특성화고 출신이 많고, 영재학교 출신은 아예 없다.** 영재학교 출신들은 수도권 중위권대학조차도 기피 한다. 막대한 사교육비 투자에 대한 보상심리이거나, 아니면 더 높은 서열의 대학에 입학할 수 있기 때문일 것이다.

지방국립대인 C대학은 일반고 입학생이 더 늘어나는 대신 특목고 출신과 자율고 출신의 비중은 함께 낮아지며, 특성화고 출신의 입학 비중도 작다. 사실, 특성화고 출신에게 지방거점 국립대학의 문턱은 높은 편이다. **지방사립대인 C대학은 일반고 출신과 특성화고 출신 비율이 국립대보다 더 높고 특목고와 자율고 출신은 낮다. 결국, 상위서열의 대학에는 일반고 출신의 비중이 작고, 하위서열일수록 일반고 출신의 비중이 크다.** 지방전문대인 Y대학에서는 특목고 출신은 찾을 수 없고 일반고 출신 비중도 50% 미만으로 작으나, 그 대신 특성화고 출신의 비중이 크다. 이 대학은 학생1인당 교육비가 많을 뿐 아니라 취업률이 상당히 높은데도 불구하고, 특목고와 일반고 출신들이 기피하기 때문이다.

• 부자들의 천국 SKY

'SKY'대학은 고소득층 출신 비율이 더욱 높다. 한국장학재단의 '2018년 1학기 서울·고려·연세대 재학생 소득분위 산출 현황'에 따르면 국가장학금을 신청한 'SKY'대학 재학생(43%) 중 소득 10분위(월 소득 1,200만 원 이상) 비율이 30%, 9분위(730만 원 이상) 비율이 16%로 나타나 '고소득층' 비중이 46%나 됐다. **이들 학교의 저소득층(기초·차상위계층) 비중은 6%에 불과했다.**

반면, 세 대학을 제외한 전국의 대학에서 국가장학금을 신청한 학생 중 9·10분위의 고소득층 비율은 각각 13%와 12%였고, 기초·차상위계층 비율은 8%인 것으로 나타났다. **'SKY'대학의 고소득층 비율(46%)이 전체대학(25%)보다 2배 가까이 많은 것이다. 이런 상황인데도 이 세 대학에 교육재정이 집중되고 있어, 인적자본 형성에서 다른 대학재학생들과의 격차가 커지고 있다는 결론이 나온다.**

2. 부모의 소득과 대학진학률의 관계

• 부모의 소득과 진학률

2004년 초등학교 4학년이었던 학생 895명에 대해 대학에 진학할 때(2014년)까지 10년간 추적한 연구에 의하면, 소득계층에 따라 진학률의 차이가 컸다. 4년제 일반대학의 경우 저소득층의 대학진학률이 39.0%에 그쳤지만, 중간층은 57.5%, 고소득층은 70.5%로 나타났다. 성적 상위권의 경우, 소득 중간층과 고소득층의 진학률은 각각 87.3%와 90.8%였지만, 저소득층의 진학률은 75.6%에 머물렀다. **"공부를 잘해도 가정 형편 때문에 4년제 대학을 포기하는 학생이 많았음"**을 알 수 있으며, "어린 시절부터 장기간 누적된 가족소득의 격차는 학업성취 수준의 격차로 이어지고, 이러한 소득격차는 대입준비 당시 대학교육비 부담 능력의 차이로도 이어져 대학교육에서 계층 격차를 증대시킨다." (구인회·김정은, 2015)

• **고소득층은 일반대, 저소득층은 지방대 · 전문대**

부모의 소득수준에 따라 고교졸업자들의 진로가 달라진다. 부유한 계층 출신들은 4년제 일반대학에 주로 진학하고 중 · 저소득계층 출신들은 지방대학이나 2 · 3년제 대학에 많이 다니며, 소득 최하계층 출신 자녀들은 대학입학을 포기하는 경우도 많다.

부모의 소득과 대학진학률에 관한 여러 연구에서 이러한 관계가 확인되고 있다. **표 17**을 보면 부모의 소득수준이 대학진학에 어떤 영향을 미치는지 확인할 수 있다. 부모소득 1분위의 자녀들은 4년제보다 2/3년제 전문대학에 더 많이 진학하며, 미진학자도 35.4%에 달하고 있다.

이에 반해 부모소득 4 · 5분위 자녀들의 미진학률은 14-15%대에 머물고 있어 1분위 자녀들과 큰 차이가 난다. 특히 부모소득 4, 5분위 자녀들은 62%~68% 이상 4년제 대학에 진학했으며, 2/3년제 전문대학에 진학한 자녀들은 각각 22,9%와 15.9%에 지나지 않았다. 2/3년제 전문대학에는 1 · 2 · 3분위 출신 중 · 저소득층 자녀들이 상대적으로 많이 다니고 있다는 사실을 확인할 수 있다.

표 17　　부모의 소득수준과 자녀의 대학진학률(단위: %)

분위/대학유형	미진학	2/3년제	4년제
1분위	35.4	34.2	30.4
2분위	25.1	33.9	41.1
3분위	15.7	30.9	53.4
4분위	14.8	22.9	62.3
5분위	15.55	15.9	68.7

자료: 최필선 · 민인식(2015)

● 초 · 중등학생의 사교육비와 고교선택

이러한 사실은 다른 자료를 통해서도 확인되고 있다. **그림 2**에서 보듯이, 초등학생과 중학생의 진학 희망 고교유형별 1인당 월평균 사교육비는 자율형 사립고(41.9만 원), 과학고·영재학교(39.0만 원), 외고·국제고(38.0만 원), 일반계고 (자율형공립고 포함, 23.1만 원)으로 조사됐다. 월 소득 700만 원 이상인 가구는 거의 80% 이상 자녀들에게 사교육을 시키지만, 소득이 낮아질수록 사교육 참여율도 낮아짐을 알 수 있다. 문제는 월 소득 200만 원 미만 가계도 사교육을 외면할 수 없어서 40%나 사교육에 참여하고 있다는 사실이다. 현대 한국사회의 비극이다.

이를 앞의 **표 17**과 비교하면 한 가지 사실을 알 수 있다. **즉, 월 소득 700만 원 미만의 중·저소득계층 자녀들은 주로 일반고에 입학하고, 월 소득 700만 원 이상의 고소득계층 자녀들은 대부분 특목고·자사고·외고 등에 입학한다는 사실이다.**

2020년 기준, 월 소득 700만 원 이상의 고소득계층에서 자사고·과학고·영재학교·외고·국제고 등에 자녀를 입학시키기 위해 지출하는 사교육비는 최소 38만 원을 넘어선다. 그러나 월 소득 700만 원 미만 가구의 사교육비 지출은 최고 평균 35.7만 원에 불과하며, 이

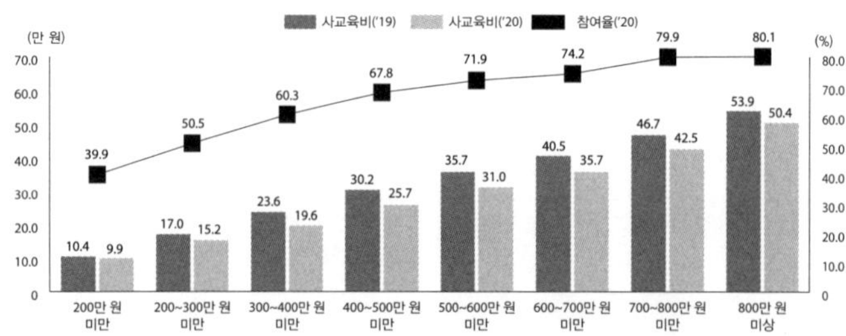

그림 2　가구 소득수준별 1인당 월평균 사교육비 및 참여율

자료: 교육부(2021), 2020년 사교육비조사 결과 주요 특징 및 대응방안

러한 사교육비 지출액은 고소득층 자녀들이 특목고 진학을 위해 평
균적으로 지출하는 사교육비 수준에 이르지 못한다. 그래서 중·저
소득계층 출신들은 사교육을 받고도 일반고에 진학할 수밖에 없다.
그러니까 하위 소득계층일수록 자녀의 특목고 입학은 어려워진다.

• 한국형 영재의 창출 과정

영재! 인류문명에 대단한 기여를 할 수 있는 타고난 인물들이다.
그런데 알고 보면 학생의 영재성은 타고난 것이 아니라 만들어진다.
'한국형'영재가 만들어지는 과정을 들여다보자. 한 언론의 보도에
따르면, 서울 대치동 A학원 출신이 매년 전국의 영재학교 입시를
휩쓸어 논란이 돼 왔다고 한다. 이 학원은 학원비가 비싸서 일반 서
민의 자녀들이 다닐 수 있는 학원이 아니다. **이 특정 학원에서 선행·심
화학습을 받아야 영재로 선발된다고 하는데, 소득 상위 1%의 학생들이 영재·
과학고를 가기 위해 최소 6천만 원 이상의 사교육비를 투입한다고 한다.**

…… 사교육업계에 따르면 '2021학년도 영재학교' 입시에서도 서울
과학고 정원 120명 중 절반이 넘는 66명(이하 전국 센터 총계 기준)이
A학원 출신이었다. 또한 경기과학고 정원 120명 가운데 61명, 한국
과학영재학교 120명 중 64명도 모두 해당 학원에서 나왔다. 전국 3
대 영재학교 신입생의 과반수가 A학원 출신인 셈이다. 이외 정원이
90명인 대전과학고 최종 합격자 41명도 이 학원을 다녔다. (매일경
제신문, 2021. 06. 11.)

**이 보도로 판단하면, 한국형 영재는 타고난 것이 아니라 만들어진다. 부모
의 재력으로 특정학원에 입학하고, 이 학원에서 문제 풀이를 반복하여 영재성**

이 만들어졌다. 영재고에 입학하려면 최소한 월 150만 원의 사교육비를 지출해야 한다고 이 보도는 덧붙이고 있다. 영재고가 아닌 기타 특목고에 입학하려고 해도 월 38만 원 이상의 사교육비를 지출해야 하는데, 이 정도의 지출은 월 700만 원 이상의 소득을 가진 가계에서나 가능하다. **결국 일반고에는 중·저소득층 자녀들이 입학하고, 특목고에는 고소득층 자녀들이 입학한다는 사실이 다시 한번 확인된다.**

3. 부모의 소득수준과 수능성적

• **사교육 = 숙명의 알바트로스**

한국인들에게 사교육은 스코틀랜드 시인 코울리지(Samuel Taylor Coleridge)의 시 「노선원의 노래 (The rime of the ancient mariner)」에 나오는 알바트로스와 같다. 거대한 죽은 새는 선원의 목에 축 걸쳐져서 삶을 옥죄지만, 도저히 떼어낼 수가 없다. 소득이 많은 가구나 적은 가구가 숙명처럼 모두 사교육비를 지출하고 있는 모습과 유사하다. 자료에서 보면, 경제활동을 하지 않는 가구조차 전체의 32.3%가 월평균 10.3만 원의 사교육비를 지출하고 있다. 그래서 **사교육은 한국인의 삶에 걸쳐진 알바트로스이다.** 한국인들은 1년에 총 20조 원 이상을 사교육비에 쏟고 있는데, 학생의 성적 서열로 성과가 결정되기 때문에 **결과에 만족하는 사람은 거의 없다.**

• **(사교육비가 결정하는 수능등급)**

소득수준이 높은 가구는 많은 사교육비 지출이 가능하고 그것이 곧 자녀의 성적향상으로 이어진다. 그것이 사교육비 지출의 유일한 목표이다. **표 18**에는 부모의 소득수준과 자녀 수능성적의 관계가 나타나 있다. 소득 최상위계층인 5분위 부모를 둔 학생들은 평균 11%

항목	7~9등급	5~6등급	3~4등급	1~2등급
1분위	40.8	45.4	11.5	2.3
2분위	42.3	38.6	18.0	1.1
3분위	36.4	41.6	19.1	2.7
4분위	26.6	39.9	29.1	4.4
5분위	21.3	37.8	29.9	11.0

자료: 최필선 · 민인식(2015)

가 수능 1~2등급을 획득하며, 29.9%가 3~4등급을, 37%가 5~6등급을 얻고 불과 21.3%만 7~9등급에 머무른다. 이러한 성적을 바탕으로 서열 상위권대학에 많이 입학할 수 있다. 이에 비해 제일 가난한 계층인 소득 1분위 가정 자녀들은 수능성적 1~2등급이 2.3%에 지나지 않고, 11.5%가 3~4등급을 받으며, 절대다수인 86.2%는 5~9등급을 받고 있다. 최상위계층 자녀들에 비해 크게 떨어지는 성적이다. 그래서 지방대학이나 전문대에 입학하게 된다.

• 저소득층의 자포자기

소득 하위계층 자녀들의 수능성적이 낮은 이유는 부모로부터 받은 가정교육이 적고, 중고등학교 시절 사교육비 지출이 없거나 적으며, 고교에서의 학습 기회 격차가 큰 점 등이 지적되고 있다. 어쨌든 이렇게 하여 고소득계층 자녀들이 좋은 성적을 획득하여 소위 상위권 대학의 인기 전공에 집중적으로 입학하게 된다. 고소득층 자녀들이 명문대학을 독점하는 현상은 한국이나 미국이나 마찬가지인 것 같다.[33] 이것이 소위 「능력주의 사회」의 감춰진 얼굴이다.

---

[33]　미국의 부유층은 영유아 자녀의 교육을 위해 엄청난 투자를 하며 이러한 경향은 점점 강화되고 있다. 자녀에 대한 투자의 양뿐만 아니라

사정이 이러한데, 수능점수로 경쟁하는 방식이 가장 공정한 방법이라고 생각하는 사람들이 있는 것은 정말 놀라운 일이다. 하긴 **어떤 신입생 선발방식도 고소득계층에게 유리하고 저소득계층에게 불리하다.** 방식을 바꿀수록, 그리고 **복잡해질수록 고소득계층에 유리**하므로 **수능성적만으로 경쟁하는 정시가** 그나마 **저소득층을 덜 피곤하게 만든다**는 인식이 널려있다. **일종의 자포자기다.**

● 고교등급제까지 암약

2019년 입시제도의 공정성이 사회적 이슈가 되자, 학생부종합전형 선발 비율이 높으면서 특목고·자사고 출신자의 입학이 많은 전국 13개 대학(건국대, 경희대, 고려대, 광운대, 동국대, 서강대, 서울대, 성균관대, 연세대, 춘천교대, 포항공대, 한국교원대, 홍익대)을 뽑아 학생부종합전형(학종) 실태조사를 벌였다. 조사단은 이들 대학의 2016~2019학년도 총 202만여 건의 전형자료를 분석해 발표했는데, 그 결과는 이들 대학이 사실상 고교등급제를 적용해 온 것이 아니냐는 사회적 우려와 의심을 받기 충분한 것이었다.

"13개 대학의 학종 고교유형별 합격률을 살펴보면 과고·영재고가 26.1%로 가장 높았다. 과고와 함께 특수목적고인 외고·국제고가 13.9%, 자사고가 10.2%, 일반고는 9.1% 순으로 나타났다. 과고·

질에서도 차이가 나는데, 자녀가 성인이 되어 더 높은 성과를 올리도록 자신들의 수입과 삶의 경험을 자녀의 인적자본 개발에 쏟는다고 한다. 이러한 행태는 유치원과 초등학교를 거쳐 중고등학교 시절에도 과외교사를 두는 등 계속되어 결국 엘리트 대학입학을 이뤄내고야 만다. (대니얼 마코비츠, 『엘리트 세습(서정아 옮김)』, 세종, 2020, pp. 213-265)

영재고 학종 합격률이 일반고의 2.9배나 됐다. (생략) 반면 기초생
활수급권자와 한부모 가정, 장애인 등을 위한 대입 전형인 '고른기
회전형'의 경우 서울대, 고려대, 연세대 등 대부분 서울 주요 대학
이 4~5%다. 전국 4년제 대학 평균(11.1%)의 절반에도 미치지 못하
는 것이다."(세계일보, 2019. 11. 05)

2007년 입학사정관제가 도입되고, 이후 학생부종합전형으로 발
전한 지 12년 만에 처음으로 진행된 실태조사에서 **학종 전 과정**에 걸
쳐 **지원자·합격자의 평균 내신등급이 '일반고>자사고>외고·국제고>과학
고'**의 순으로 나타난 것이다. 하지만 교육부 실태조사단은 이들 대
학이 고교등급제를 적용하고 있다는 분명한 증거를 확보하지는 못
했다. 교육부 실태조사단의 실력이 부족하기 때문인지, 아니면 조
사대상 대학들이 멋지게 조사단을 속인 것인지는 분명하지 않다.

4. 학벌 프리미엄의 실체

• 'SKY'출신이 누리는 학벌 프리미엄

고소득계층의 자녀가 부모의 후원과 사교육의 도움으로 서열상
위권 대학에 주로 입학하고, 정부의 재정지원이 이들에게 집중되는
것은 심각한 불공정이 아닐 수 없다. 속된 말로 부자에게 마구 퍼주
는 시스템이다. 이들은 본인의 능력이 아니라 '아빠 찬스'로 엄청난
혜택을 누리고 있다. 이들은 상대적으로 높은 인적자본을 형성한
후 졸업하게 된다. 'SKY'대학 등 특정 대학 출신들이 누리는 특혜는
여기서 그치지 않는다.

노동시장에서도 학벌사회의 연고(緣故)가 작용함으로써 최고의
일자리들을 독점하고 있다. 'SKY'대학 출신들이 누리는 학벌 프리

미엄을 알아보자. 금융자본주의 시대, 청년들이 가장 선호하는 10대 금융공기업들의 대졸자 채용 결과에서 이를 확인할 수 있다. 10대 금융공기업은 기술보증기금, 신용보증기금, 중소기업은행, 예금보험공사, 한국산업은행, 한국수출입은행, 한국예탁결제원, 한국주택금융공사, 금융감독원, 한국무역보험공사이다.

이 공기업들은 현재 블라인드 채용을 하고 있는데, 이 채용방식을 도입하기 전과 후에 'SKY'대학 출신자들의 합격자 비율이 어떻게 달라졌는지 비교하면 프리미엄의 실체가 어느 정도 드러난다. 시점을 통일하기 위해 블라인드 채용 전인 2016년 하반기와 블라인드 채용 후인 2018년 하반기의 합격자 수치를 비교했다. 만일 'SKY'대학 출신자의 합격률이 블라인드 채용 도입 후에 낮아졌다면, 과거에 어떤 특혜가 있었을 가능성이 높다. 그리고 그 차이가 대략적인 학벌 프리미엄이라고 할 수 있을 것이다.

표 **19**에 그 결과가 나와 있다. **10개 공기업 중 예금보험공사, 한국예탁결제원, 금융감독원 등 세 개를 제외한 나머지 7개의 사의 합격자 가운데 'SKY'대학 출신자 비율은 블라인드 채용 도입 후 큰 폭으로 감소했다.** 과거에 그만큼 특혜를 받아왔다는 얘기다. 특히, 한국주택금융공사는 블라인드 채용 전 59%에 달했던 'SKY'대학 출신의 비중이 블라인드 채용 후 0이 되기도 했다. 실력에 의한 취업이 아니라, 특정 대학을 졸업했다는 연고에 의해 채용되는 것은 완전한 중상주의적 특혜이자 특권이다.[34] 'SKY'대학 출신들이 누리는 프리미엄을 정확히 수치화

34　보도에 의하면, KEB하나은행은 2016년 신입행원 채용에서 서울

표 19 　블라인드 채용 도입 전후 출신 대학 변화 (일반전형)

기관명	연도구분	최종 합격자	합격자출신 학교수	SKY출신 합격자	SKY출신 비율
기술보증기금	2016년 하반기	40	19	7	18%
	2018년 하반기	110	42	13	12%
신용보증기금	2016년 하반기	80	29	18	23%
	2018년 하반기	59	37	11	19%
예금보험공사	2016년 하반기	26	12	11	42%
	2018년 하반기	37	17	17	46%
중소기업은행	2016년 상반기	188	45	36	19%
	2018년 하반기	179	63	5	3%
한국산업은행	2015년 하반기	69	19	33	48%
	2018년 하반기	63	19	24	38%
한국수출입은행	2016년 하반기	29	9	18	62%
	2018년 하반기	30	15	14	47%
한국예탁결제원	2016년	18	11	4	22%
	2018년 하반기	23	12	6	26%
한국주택금융공사	2016년 하반기	17	9	10	59%
	2018년 하반기	23	18	-	0%
금융감독원	2016년도	53	18	29	55%
	2018년도	56	17	33	59%
	2019년도	62	21	30	48%
한국무역보험공사	2016년 하반기	21	10	14	67%
	2018년 하반기	9	7	4	44%

자료: 최운열의원 보도자료(2019. 6. 29), 필자 재정리

하는 것은 어렵지만, 그것이 얼마가 됐든 이런 채용방식이 **공정하지 않은 것은 확실하다.** 이렇게 **이중 삼중으로 특혜가 지속되어 공정사회의 가**

대와 고려대 출신 지원자의 점수는 올려주고, 기타 대학은 낮추는 불공정한 행위를 했다. 모 홈쇼핑업체도 전국의 대학을 5개 그룹으로 분류해, SKY출신 25점, 다음 그룹 23점, 그 다음 그룹 20점, 그 다음 그룹 18점을 주고, 나머지 대학은 10점을 주었다. (매경Economy, 2018.04.02.)

치가 무너졌으며, 학벌 체제는 더욱 공고해졌다.

매경이코노미 보도(제1951호·별책부록 (2018.03.28~04.03)에 따르면, 구직활동을 하는 사람 가운데 77.9%가 현재 채용 비리가 심각하거나 매우 심각하다고 답했는데, 공기업(36.4%)과 대기업(34.5%) 및 중소·중견기업(28.1%) 순으로 채용 비리가 심하다고 인식하고 있었다. 채용 비리 문제가 가장 심각한 업종으로는 금융·은행업(27.2%)과 기관·협회(21.8%)라고 답한 응답자가 가장 많았다. 응답자의 35.6%가 '불합격자에게 떨어진 이유를 설명'하게 하면 채용 비리를 근절하는데 효과적일 것이라고 답했다. 그리고 공정하지 않은 방법으로 채용을 진행한 기업에 대한 처벌을 강화해야 한다는 의견(27.1%)이 블라인드 면접을 비롯해 공정성을 개선할 수 있는 새로운 방식을 도입해야 한다는 의견(25.4%)보다 많았다. 응답자의 10.2%는 인공지능(AI) 면접과 같은 새로운 채용 시스템을 도입해야 한다는 의견을 피력했다.

● **학벌 피해자가 가해자로**

놀라운 사실은 대학 스스로도 대학을 차별하고 있었다. 건국대는 직원을 채용(2020년)하면서 전국의 대학을 A, B, C, D, E 등 5개 등급으로 나눠 출신학교에 따라 점수를 차등 부여했는데, A등급 대학 출신과 E등급 대학 출신 간에는 무려 12점의 차이가 났다. 건국대가 분류한 5개 등급은 세간의 서열화 등급과 정확하게 일치했다. 건국대는 금융기관의 채용에서 피해자이면서, 정작 직원 채용 시에 다른 대학을 등급화하고 차별했다. 다른 대학들도 마찬가지였다. 강득구 의원실의 보도자료에 따르면, 전국 4년제 92개 사립대학의 출신학교 블라인드 직원 채용현황을 분석한 결과, 채용공고에 학력

제한이 존재하는 학교가 70곳(76%), 입사지원서에 학력 기재를 요구한 대학이 69곳(75%), 심사평가표 상 학위·학력(출신학교)에 따른 배점이 존재했던 대학이 28곳(30.4%)으로 확인됐다. 여기에는 고려대, 연세대, 서울대가 모두 포함됐다.

이외에도 한양대는 로스쿨 입시에서 "서류심사 단계에서 출신 학부를 다섯 등급으로 나누고, 최고 등급과 최하 등급 간에 무려 40%의 격차를 두는 등 사실상 '출신 대학 등급제'를 운영한 것으로 나타났다."(한겨레신문, 2016.06.07.) 한국 사회가 '아빠 찬스'를 활용한 능력주의를 공정한 것이라고 인정하면서도, 그 능력조차도 학벌 앞에서는 무력하다는 점을 보여주고 있다. 그러니까 한국 사회의 학벌은 능력에 우선한다.

아래에서는 학벌 중심의 불평등·불공정사회를 공정사회로 전환하기 위해 필요한 교육 정책들에 대해 논의해 보고자 한다.

Ⅲ부

공정사회를 위한 정책

제7장 대학 무상교육

불평등하고 기울어진 학벌사회를 평등하고 공정한 사회로 전환하는데 필요한 정책들을 생각해보자. 기득권층의 지위는 대를 이어 유지되는 반면 소외계층의 신분 상승은 기대할 수 없는 사회에서 학벌에 속하지 않는 구성원들은 타고난 능력을 발휘할 수 없다. **능력주의의 기반 위에 서 있는 학벌사회가 소외계층의 능력 발휘를 가로막고 있는 것은, 그 능력주의가 허위라는 것을 증명하는 것이다.**

학벌 체제는 사회 전 분야에 걸쳐 구축된 것이지만, 고등교육 부문의 핵심축을 무너뜨리면 전체 구조가 붕괴되게 되어 있다. 그 핵심축은 등록금과 대학서열이며, 따라서 대학 무상교육과 대학서열 해체가 그 방안이 된다. 중·저소득층 자녀들은 고액의 교육비와 강력한 대학서열 때문에 사회적 진출이 막히고 있다. 교육비 부담의 마지막 단계인 대학등록금을 없애면, 능력을 갖추고 있으면서 대학교육을 원하는 모든 사람이 대학교육을 받을 수 있게 된다. 이와 더불어 학벌의 정점에 있는 특정 대학뿐만 아니라 모든 대학을 골고루 발전시켜 대학서열을 폐지하는 것이 중요하다.

대학 무상교육이 시행되면 수학능력이 높으면서도 교육비 마련이 힘들어 진학을 포기하는 학생이나, 4년제 대학을 가고 싶은데도 장기간의 학비 조달이 어려워 전문대에 가는 학생들에게 새로운 기회가 제공될 것이다. 고능력 저소득층 출신들은 지금까지 '아빠 찬스'에 의존하여 상위서열 대학에 진학해 온 저능력 고소득층 출신들을 대체하게 될 것이다. 돈이 많아서가 아니라 수학능력이 높아서 진학하게 된다면, 여러 가지 긍정적 효과가 예상된다. **국가의 교육재정 투자가 더욱 효율화될 것이다.** 수학능력이 우수하면서도 대학진학을 포기했던 청년들은 돈의 힘으로 그 자리를 차지했던 청년들보다 훌륭한 성과를 낼 것이기 때문이다. **석사과정과 박사과정의 교육비까지 모두 국가가 부담한다면,** 저소득계층 출신들도 법조인·의사·학자 등 고소득 전문직에 진출할 수 있게 되어 **사회 이동성이 크게 강화될 것이다.**

1. 학벌사회의 재생산구조

• 학벌사회의 재생산구조

학벌사회의 재생산구조는 아래 **표 20**과 같이 표현할 수 있다. 고소득층의 자녀는 막대한 사교육비 투입으로 과학고, 자사고, 특목고 등에 진학한다. 고등학교에 다시면서도 역시 많은 사교육비를 동원하여 SKY대학 등 상위서열대학에 진학하게 된다. 이들은 교육부 등 정부 부처들의 집중 지원을 이용하여 높은 인적자원을 형성하고 졸업 후 권력직종과 고소득전문직을 독점하게 된다. 이들은 높은 소득, 안정된 일자리를 확보한 후 강남 등 특정 지역으로 전입하여, 다시 부와 권력의 대물림을 시작하게 된다.

이에 비해 중·저소득층 자녀들은 대체로 일반고나 특성화고에 진학하게 된다. 졸업 후 대체로 하위서열 일반대학에 진학하거나 전문대학에 진학한다. 이들에게 정부의 재정지원은 거의 없고, 졸업 후 노동시장에서도 차별을 받는 경우가 많다. 결국 이들은 저소

표 20　　학벌사회의 재생산구조

♠고소득층 자녀 ⇒ 특목고 진학 ⇒ 상위서열대학 진학 ⇒
특혜와 특권(재정지원·채용에서의 불공정) ⇒ 권력형 직종·고소득 전문직 독점 ⇒
강남 전입

♣중·저소득층 자녀 ⇒ 일반고 진학 ⇒ 하위서열대학 진학 ⇒
배제와 차별(교육재정 지원과 채용에서의 차별) ⇒ 저소득 직종·비정규직 진출 ⇒
변두리 전전

득 직종에 채용되거나 비정규직으로 경력을 시작하게 된다. 도심에서 멀리 떨어진 주거지에 거주하면서, 출퇴근에 시달리고 결혼과 출산까지도 미루어야 하는 삶을 살게 된다.

한국의 기득권층들은 자녀의 **인적자본 형성을 지원**하여 **학벌 체제의 상층부에 진입시키는 방식**으로 **기득권을 상속**하는데, **불평등구조는 대학교육을 중심으로 유지되고 재생**산된다. **대학등록금 고액화**를 통해 **저소득층의 대학교육을 좌절시키고 이들이 저임금 노동자로서 노동시장에 진입하도록 유도**한다. **대학을 등급화하고 서열화**하여 **기득권층의 합법적 지배체제를 유지**하며 그들의 **이익(잉여가치)이 분산되지 않도록** 한다. 따라서 **대학 무상교육 실현과 대학서열 해체**가 민주 평등사회로 발전하기 위한 핵심 경로가 된다. 그것은 **왜곡된 인적자본 형성과정을 해체하고 이를 민주화하는 과정**이다.

먼저, 저소득계층 출신과 사회적 약자들의 대학진학을 가로막는 장벽을 없애야 한다. 대학까지 무상교육을 시행하여 전 계층의 국민에게 대학교육의 기회를 고르게 주어야 한다. 교육은 국민의 기본권이란 의식을 확고히 할 필요가 있으며, 그것이 모든 국민에게 공정한 대학교육의 기회를 부여하는 기반이다. 대학 무상교육이 실현되면 저소득계층의 자기 계발 기회가 강화되며, 사회는 인적자원의 확대라는 성과를 얻고 난제의 하나인 출산율 회복에도 도움이 될 것이다. 가난하지만 재능 있는 청년들의 대학입학이 늘어나 대학졸업자의 창업 등이 더욱 증가할 것이다.

• **대학 무상교육의 기대감**

대학 무상교육을 시행하는 유럽 여러 나라의 대학들은 학생들에게 제공하는 교육의 질이 비슷하다. 학생들은 멀리 있는 대학을 선택할 필요가 없고, 자신이 사는 곳 인근의 대학에 입학하면 된다. 대학이 제공하는 교육의 질에 대해 불만이 거의 없다. 특수한 경우를 제외하고는 입시에서 떨어지는 일도 없다. 이것은 국가가 대학을 균등하게 발전시킨 결과이지만, 대학의 서열이 없다는 점에서 여러 나라의 부러움의 대상이 된다. 이들 국가에서는 고용주들도 대학을 차별할 이유가 없다. 대학서열이 해체되면 한국사회의 수많은 문제가 자동으로 해결된다. 성적향상을 위해 모든 가정이 지출해야 하는 사교육비 부담이 사라질 것이며, 강남 등 특정 지역의 주택가격이 정상화되고(상류계층의 위장전입도 사라짐), 지방대학이 살아나 소멸해가던 지방에도 생기가 돌 것이다. 중고등학교의 학업 분위기도 완전히 달라질 것이다.

• 등록금제도의 수혜자와 피해자

한국의 교육 문제는 칡덩굴처럼 서로 얽혀 있다. 대학서열 체제가 결국 교육 재원의 사적 동원과 공적 지원의 힘으로 지탱되고 있다. 자녀교육에 대한 재원 동원이 얼마든지 가능한 고소득계층은 그 최대 수혜자이며, 재정 형편상 대학교육을 이수하기 어려운 저소득계층이 최대 피해자이다. 이렇듯 수혜자와 피해자가 분명하다.

부유한 계층의 삶은 세계 어디서나 그리 힘들지 않지만, 빈곤계층의 삶은 어디에도 편한 곳이 없다. 학벌사회에서 학벌에 속하지 못하는 삶은 힘들고 고통스럽다. 따라서 학벌사회의 폐해를 최소화하는 정책이 필요하다. 망국적 대학서열 체제를 해체하고 대학까지 무상교육을 시행함으로써 고등교육의 민주화를 완성해야 한다. 대학 무상교육과 대학서열 해체의 문제를 차례로 설명하고자 한다.

먼저 대학 무상교육을 통해 개인과 사회가 얻을 수 있는 수익이 어느 정도인가를 보기로 한다.

2. 대학 무상교육으로 개인이 얻을 이익

• 대학교육의 이익

어느 사회든 대학교육을 이수하게 되면 그에 따른 여러 가지 경제적·비경제적 수익이 기대된다. 이러한 수익을 위해 대학에 진학하는 사람들도 많다. **표 21**에는 고등교육의 사적 수익과 공적 수익이 정리돼 있다. 먼저 사적 수익 측면을 보면, 고등교육을 받은 사람은 받지 않은 사람보다 임금과 고용기회가 높아 노동시장에서 유리하다. 계획적 소비활동의 향상으로 저축 수준이 높아지고, 근로조건이 좋은 직장에 들어갈 수 있을뿐더러 직장 이동성도 높다. 이것이 대학교육으로 개인이 얻는 경제적 수익이다. 하지만, 대졸자가 얻는 것은 경제적 수익에 한정되지 않는다. 여러 가지 비경제적

표 21   고등교육의 사적 수익과 공적 수익

구분	공적 수익	사적 수익
경제적 수익	조세수입 증가 생산성의 향상 소비증가 생산 현장의 융통성 증가 정부 지원에 대한 의존 감소	임금 및 각종 수익의 상승 고용기회 증가 저축 수준의 향상 근로조건의 향상 개인적/ 전문적 이동성 향상
사회적 수익	범죄율의 하락 자선·기부/지역사회 봉사 증가 시민적 삶의 질 향상 사회통합/다양성 평가 향상 신기술에 대한 적응력 향상	건강/기대수명 증가 자손의 삶의 질 향상 소비자적 의사결정 향상 사회적 지위의 개선 취미생활/레저 행위 증가

출처: Institute for Higher Education Policy(1998), *Reaping the Benefits: Defining the Public and Private Value of Going to College.* Washington, DC: Institute for Higher Education Policy

수익도 기다린다. 효율적 건강관리를 통해 기대수명이 증가하며, 가족의 삶의 질도 상승하고, 소비자로서 더 현명하게 행동하며, 취미/여가활동도 증가한다. 대졸자가 얻는 사회적 수익 중 가장 결정적인 것은 무형의 재화로서, 사회적 네트워크의 향상이다. 바로 학벌에 편입되는 것인데, 한국에서는 이것이 대학교육의 중요한 이유가 된다. 한국인들이 학사학위 과정에 힘을 쏟지만, 석사나 박사학위 과정에는 큰 관심이 없는 상황을 설명해주는 이유이기도 하다.

사회적 수익은 계량화하기 어렵지만, 경제적 수익은 수치로 나타내기 쉽다. 그래서 경제학자들은 대졸자의 경제적 수익을 측정하고 있다. OECD에서 근무하는 경제학자들도 그러하다. 한국의 대졸자들이 누리는 경제적 수익은 **표 22**에서 일부 확인이 된다. 기준 연도인 2019년 현재, 한국의 전문대졸업자, 일반대졸자, 석사과정 이수자의 고용률은 각각 77%, 77%, 85%이다. 이에 비해 중졸자와 고졸자는 각각 64%와 72%에 머무르고 있어, 대졸자와 비교해 훨씬 낮다. 대학교육이 고용기회를 개선하는 점이 확인된다.

또 고졸자의 소득을 100으로 했을 때, 중졸은 79, 전문대졸 111, 일반대졸 139, 석사과정 이수자는 185나 되어 학력이 높을수록 소득이 높은 점도 확인된다. 상대적 고소득은 대학에 진학하지 않으면 얻을 수 없는 것이다. 대학 무상교육제도가 도입되어 저소득층의 교육 기회를 가로막는 장벽이 제거된다면, 저소득층 자녀의 고

표 22　한국 학력별 교육투자의 수익(24–64세, %)

구분	중졸	고졸	전문대졸	일반대졸	석사
고용률(%)	64	72	77	77	85
상대 소득(고졸=100)	79	100	111	139	185

* 고용율은 2019년, 상대소득은 2018년 자료임

출처: OECD, Education at a Glance 2020

용률과 소득수준이 상승하는 기회가 된다.

경제적 수익은 대졸자가 대학교육으로부터 얻는 모든 수익 가운데 극히 일부분에 지나지 않는다. 이외에도 대졸자는 계량화할 수 없는 여러 가지 수익을 얻는다. 예를 들면, 결혼 시장에서도 유리해지며 개인에 대한 신뢰도가 높아진다. 그러나 최근 한국에서는 고학력자들에 의한 범죄가 대규모로 발생하여, 이들에 대한 사회적 신뢰가 반드시 높다고 말하기 어렵긴 하다. 특히 최고학벌에 속하는 자들이 벌이는 권력투쟁과 여러 가지 반사회적 범죄는 대학교육에 대한 국민적 신뢰를 크게 낮추고 있다. 이러한 문제에 대해서는 별도의 논의가 반드시 필요하다.

● **대학교육의 엄청난 수익**

대졸자가 부담하는 대학교육 비용과 그것으로부터 얻는 수익을 금액으로 환산하는 방법도 있다. **표 23**에 대졸 남녀 1인당 대학교육

표 23　　대졸 남녀 1인당 교육비 사적 부담과 사적 수익(2017, USD, PPP)

항목	한국 남성 대졸자	OECD 남성 평균	한국 여성 대졸자	OECD 여성 평균	항목
직접비용	-6,900	-9,100	-6,900	-9,100	직접비용
포기소득	-24,700	-38,900	-26,000	-28,500	포기소득
총비용	-31,600	-48,000	-32,900	-37,600	총비용
소득증가	346,800	543,300	217,900	388,200	소득증가
소득세	-37,700	-144,300	-9,600	-83,900	소득세
사회기여	-29,200	-55,600	-18,300	-41,300	사회기여
총수익	279,900	343,400	190,000	263,000	총수익
순수익	248,300	295,400	157,100	225,400	순수익
편익/비용 비율	8.9	7.2	5.8	7.0	편익/비용 비율

*64세 정년기준, 실질할인율: 2% 기준.

자료출처: OECD, Education at a Glance 2020.

비 사적 부담과 교육 후 얻는 사적 수익이 나와 있다.

국제비교를 위해 미국 달러로 표시된 이 표는 다음과 같이 읽는다. 2017년 현재 한국의 남성 국립대 졸업생은 4년간 총 6,900달러를 직접 부담하는데, 이는 등록금에서 장학금을 공제한 금액이다. 여기에 고졸자로서 4년간 벌었을 최저임금 24,700달러를 포기하였으므로 이를 등록금과 합하면 4년간 총 31,600달러가 들었다. 이것이 한국의 국립대 남학생이 부담하는 대학교육의 총비용이다. 그는 졸업 후, 평균 64세까지 일하면서 고졸자보다 총 346,800달러를 더 벌게 되며, 그에 따른 소득세 37,700달러를 더 납부하고, 총 29,200달러를 사회에 기여한다. 총수입에서 이 비용을 공제하면 279,900달러의 총수익을 얻는다. 총수익에서 총비용을 공제하면, 248,300달러가 고등교육으로 인해 얻는 순수익이 된다. 총수익을 총비용으로 나눈 값이 '편익/비용'비율인데 8.9에 이른다. 이는 OECD 평균 7.2에 비해 높다. **한국에서 대학교육은 수지맞는 투자가 아닐 수 없다. 한국 남성**에게 있어서 대학교육으로부터 높은 수익률을 얻는 큰 원인으로는 **극심한 학력 간 임금 격차, 낮은 소득세율, 대졸자의 저조한 사회적 기여** 등을 꼽을 수 있다.

한편, 한국 여성 국립대 졸업자는 총 32,900달러를 사적으로 부담하고 있다. 남성보다 비용이 약간 높은 이유는 고졸 여성의 취업률이 고졸 남성보다 높기 때문이다. 그녀는 역시 64세까지 일하면서 고졸 여성보다 217,900달러를 더 벌고 9,600달러의 소득세를 납부하며, 평균 18,300달러를 사회에 기여한다. 그녀의 총수익은 190,000달러이므로 대학교육비 지출액 32,900달러에 비해 5.8배의 수익을 얻고 있다. 이 수치는 OECD 여성 대졸자 평균 7.0보다 낮은 것이며, **한국의 남성 대졸자보다 낮은 수치이다. 이는 노동시장에서의 차**

별에 기인한 측면이 크다.

이 자료를 통해, 대학교육이 당사자에게 상당한 이득을 준다는 사실을 확인할 수 있다. 그리고 한국은 소득세율이 낮아서 고소득자에게 유리한 사회임을 알 수 있다. 한국 대졸자들의 사회 기여가 OECD 평균에 비해 작다는 사실도 알 수 있다. 중요한 것은, 대학에 진학하지 않으면 이러한 수익이 사라진다는 것이다. 대학교육비를 쉽게 동원할 수 있는 사람들만 이러한 기회를 누리는 것은 엄연한 불공정이다. 대학 무상교육은 교육이 주는 수익 창출 기회를 모든 개인에게 부여하는 제도로서 소득 불평등을 낮추는 아주 중요한 제도가 될 것이다.

3. 대학 무상교육으로 사회가 얻을 이익

• 제비가 물어다 준 박씨

대학 무상교육은 제비가 흥부에게 물어다 준 박씨에 비견된다. 장기간에 걸쳐 사회에 큰 이익을 주고 있기 때문이다. 일부 복지 프로그램들의 단기효과와 비교가 되지 않을 정도로 교육이 주는 수익은 광범위하며 장기에 걸치고 여러 부분으로 확산한다. 대학교육에 대한 정부의 지원은 국민의 인적자본을 크게 하여 경제와 사회발전에 기여하고, 정부투자나 소비는 물론 이전지출보다도 훨씬 더 많은 수익을 장기간에 걸쳐 개인과 사회에 돌려준다. 이미 대학 무상교육을 시행하고 있는 유럽의 국가들에서 이를 확인할 수 있다. 대학졸업자들로 인해 국가 역시 상당한 수익을 얻고 있으므로, 이들 국가가 무상교육을 중단할 이유가 없는 것이다.

무상교육을 받은 대졸자들이 사회에 주는 수익은 **표 24**를 통해

표 24　대학 무상교육 국가들의 공적 부담과 공적 수익 (남성, US$, 2017)

국명	직접비용	포기세금	총비용	소득세	사회기여	총편익	순재정수익	편익/비용
프랑스	-52,200	-12,500	-64,700	146,400	83,800	230,200	165,500	3.6
독일	-75,000	-18,800	-93,800	223,300	130,800	354,100	260,300	3.8
오스트리아	-69,600	-22,600	-92,200	201,300	111,100	312,400	220,200	3.4
벨기에	-57,500	-19,200	-76,700	206,900	77,000	283,900	207,200	3.7
스위스	-100,500	-12,500	-113,000	140,900	45,000	185,900	72,900	1.6
덴마크	-87,000	-25,600	-112,600	241,500	–	241,500	128,500	2.1
노르웨이	-87,800	-20,300	-108,100	141,900	37,100	179,000	70,500	1.7
핀란드	-72,900	-8,100	-81,000	177,300	49,500	226,800	145,800	2.8
스웨덴	-83,500	-5,600	-89,100	94,100	13,100	107,200	18,100	1.2
슬로바키아	-37,700	-12,900	-50,600	65,800	55,200	121,000	70,400	2.4
슬로베니아	-43,400	-29,600	73,000	121,200	138,000	259,200	186,200	3.6

자료: OECD(2020), Education at a Glance 2020.

확인할 수 있다. 제일 앞줄에 있는 프랑스를 보자. 2017년을 기준으로 계산할 때, 프랑스 정부는 대졸 남성 1인당 대학교육비(등록금)로 52,200달러를 지원했고, 그가 고졸자로서 취업했더라면 벌 수 있는 수입에서 내야 할 세금 12,500달러를 징수하지 못했다. 따라서 그를 위해 국가가 부담한 비용총액은 64,700달러이다. 그러나 이 남성 대졸자는 졸업 후 64세까지 일을 하여 고졸자보다 소득세 146,400달러를 더 납부하고, 83,800달러에 달하는 사회기여를 하므로 국가는 1인당 230,200달러의 편익을 얻고 있다. 비용을 제외한 순수익은 165,500달러에 이르며, 비용-편익비율은 3.6에 달하고 있다. 같은 방식으로 독일은 93,800달러를 투입하여 총 3.8배의 수익을 내고 있으며, 오스트리아는 92,200달러를 투입하여 3.4배, 벨기에는 76,700달러를 지원하고 3.7배, 덴마크는 112,000달러에 2.1배의 수익을 내고 있다. 그 외에도 슬로베니아 3.6배, 핀란드 2.8배, 스위스 1.6배, 노르웨이 1.7배, 스웨덴 1.2배 등으로 조사되고 있다.

여기서 대졸자가 고졸자보다 더 내는 소득세 규모를 한국과 비교해 보면, **표 23**에서 보듯이 한국 대졸 남성은 37,700달러를 납부하는데 비해 유럽의 많은 국가들은 소득세 납부가 10만 달러가 넘고, 덴마크와 독일 및 벨기에 등은 20만 달러가 넘는다. 대부분의 무상교육 국가들이 **대학교육비를 국가가 부담함으로써 이처럼 높은 수익을 얻고 있다.** 그럼에도 교육비 지원으로부터 얻는 수익이 기업의 투자처럼 단기간에 회수되지 않고, 장기에 걸쳐서 회수되기 때문에 무상교육의 공적 수익을 정확하게 인식하지 못하고 있다. **중장기적 안목에서 대학 무상교육의 경제적·비경제적 효과를 확인해야 하며, 개인과 국가가 얻는 수익을 모두 파악해야 한다.**

여성 대졸자들도 마찬가지로 사회에 큰 이익을 주고 있다. **표 25**는 대학 무상교육을 시행하고 있는 국가들이 여성 대졸자 한 사람으로부터 얻는 수익을 보여주고 있다. 프랑스는 총 61,000달러를 지원하여 130,100달러의 편익을 얻었으며, 순재정수익은 69,100달

표 25 대학 무상교육 국가들의 공적 부담과 공적 수익 (여성, US$, 2017)

국명	직접비용	포기세금	총비용	소득세	사회기여	총편익	순재정수익	편익/비용
프랑스	-52,200	-8.800	-61,000	73,900	56,200	130,100	69,100	2.1
독일	-75,000	-15,500	-90,500	100,300	89.800	190,100	99.600	2.1
오스트리아	-69,600	-12,900	-82,500	92,200	82,200	174,400	91,900	2.1
벨기에	-57,500	-9,000	-66,500	153,900	92,900	246,800	–	3.7
스위스	-100,500	-12,500	-113,000	72,400	31,500	103,900	-9.100	0.9
덴마크	-87,000	-9,200	-96,200	132,900	0	132,900	36,700	1.4
노르웨이	-87,800	-8,600	-96,400	95,300	33,600	128.900	32,500	1.3
핀란드	-72,900	-4,300	-77,200	108,000	35,300	143,300	66,100	1.9
스웨덴	-83,500	-4,600	-88,100	46,800	15,600	62,400	-25,700	0.7
슬로바키아	-37,700	-5,700	-43,400	38,500	34,300	72,800	29,400	1.7
슬로베니아	-43,400	-17,500	-60,900	85,900	101,800	187,700	–	3.1

자료: OECD(2020), Education at a Glance 2020.

러였다. 비용-편익 비율이 2.1배로서 남성보다 낮은 것은 육아 등의 사정으로 취업 단절을 겪는 등 여성의 고용률과 소득이 상대적으로 낮기 때문이다. 대부분 국가에서 남성 대졸자보다 여성 대졸자의 수익이 낮은 것은 바로 이런 이유에서다. 어쨌든 국가의 비용 부담으로 대학교육을 받은 여성 대졸자들 역시 국가에 상당한 기여를 하고 있다. 독일·오스트리아·벨기에 등 나머지 국가들도 마찬가지다.

• 공짜 점심의 경제학

하버드대학 경제학과의 헨드렌 교수팀(Nathaniel Hendren & B. Sprung-Keyser)은 미국정부 공공기금 지출의 사회복지 효과, 즉 공공기금의 한계가치(Marginal Value of Public Funds, MVPF)에 관해 연구한 바 있다. 만일 공공기금이 국고로부터 개인에게 그대로 이전됐으면 MVPF 값이 1이며, 기금 수령이 노동시간을 감소시키는 등 부작용이 더 크면 1보다 작고, 기금으로 인해 소득증가와 조세수입 증가 등이 있으면 1보다 큰 값이 된다. 이 연구(2020)에서 밝혀낸 것은 **지난 50년간 시행된 133개의 공공기금 중에서 고등교육에 대한 지원이나 저소득 아동의 건강 및 교육에 직접 투자한 사업들이 평균 5를 넘어 가장 높았다**는 사실이다. 성인을 대상으로 했을 때는 수치가 0.5~2로 낮아졌다. 저소득계층의 자녀에게 대가를 바라지 않고 대학등록금을 지원한 것인데, 오히려 사회가 여러 해에 걸쳐 큰 이익을 받는다. 경제학자들은 "공짜점심은 없다"라고 말한다. 그러나 케네디 공공정책대학원 교수인 더밍 (David J. Deming, 2019)은 고등교육에 대한 지원을 **공짜점심의 경제학**(Economics of Free Lunch)이라고 부르고 있다.

표 26　　미국 대학졸업자의 비금전적 사회기여 (US$, 2016년 불변가격)

사회의 비금전적 수익	학사학위	준학사학위
민주주의(민간기구 기여)	2,274	801
인권(사법기구 기여)	2,109	426
정치적 안정	3,769	1,329
기대수명 연장(사적 이익)	0	0
불평등 해소(정책 여부)	?	?
빈곤 감소(대부분 사적 이익)	0	0
자살률 저하	3,823	1,348
기타 범죄 감소	8,037	2,833
복지비와 교도소 비용 절감	2,630	927
세금납부(현재가치)	3,824	989
산림보전과 자연거주	3,922	1,382
수질 개선	378	133
대기오염 감소	4,655	1,641
사회자본(사회통합, 중복)	0	0
새로운 아이디어	?	?
비금전 사회적 수익 총액	30,697	10,820

자료: Walter W. McMahon(2018), https://uofi.app.box.com/s/wo76gs4reryzdn4ep
gae

유사한 연구는 또 있다. 오랫동안 대학교육의 사적·공적 기여를 연구해 온 미국 일리노이대학의 경제학자 월터 맥마흔(Walter W. McMahon)은 미국 대졸자(남여 전체)의 연간 비금전적 사회 기여의 경제적 가치를 **표 26**과 같이 계산했다. 미국에서 대학을 졸업한 사람들은 범죄 발생률의 감소를 통해 매년 8,039달러(준학사학위자는 2,833달러)의 가치를 사회에 기여하며, 대기오염 감소를 통해 4,655달러(준학사 1,641달러), 산림보전과 자연 거주를 통해 3,922달러(준학사 1,392달러), 자살률 저하를 통해 3,823달러(준학사 1,348달러), 정치적 안정 기능을 통해 3,769달러(준학사 1,329달러) 등 1년 동안 30,697달러(준학사 10,820달러)에 해당하는 비금전적 사회기여를 하고 있다.

여기서 준학사는 전문대학 출신이며, 우리의 전문학사에 해당한다. 한국의 대졸자들도 이 정도의 사회적 기여를 하지 않을 것이라 생각할 근거는 없다.

• 대학교육은 최상의 투자

정부의 이전(移轉)지출이나 사회부조 프로그램들은 반짝 경기회복을 위한 것이거나 일회성 피해 구제를 위한 것이 대부분이다. 그래서 그 효과가 1-3년 정도에 그친다. 이강구·허준영의 연구(2017)에 따르면, 최근 정부소비지출과 투자지출의 1년 누적승수가 0.31이며 3년 누적승수는 0.46으로 조사되고 있다. 이 말은 정부가 1조 원을 사회간접자본에 투자하거나 직접 소비했을 때, 이 기금으로 인해 국내총생산(GDP)이 첫해에 약 3,100억 원 증가하며 3년이 흐르면 총 4,600억 원 정도 증가한다는 것이다. 반면, 정부 이전지출은 1년 누적승수가 0.37이며, 3년 누적승수는 1.16이다. 즉, 기본소득이나 재난지원금 1조원을 지급할 경우, 첫해에 3,700억 원의 GDP 증가 효과가 있으며, 3년이 지나면 총 1조1,600억 원의 GDP 증가를 가져온다는 의미이다. 기본소득이나 재난지원금의 경기활성화 효과가 크다는 것을 확인할 수 있는데, 그러나 이 효과는 여기에서 끝나며 더 오래 지속되지는 않는다. 즉, 단기효과만 기대할 수 있다. 대학교육에 대한 지출은 이보다 훨씬 크고 장기적이다. 대학교육은 막대한 수익을 국가와 사회에 가져다준다.

덴마크의 대학생 지원을 잠시 살펴보자. 덴마크 국민들은 대학 등록금이 없을뿐더러 매달 재정지원도 받는다. SU(State Educational Support)라고 부르는 이 제도에 따라 부모와 함께 거주하는 모든 학생은 매월 950크로네 (약 17만4천 원)를 받으며, 만일 부모와 떨어져 생활하는 학생이라면 매월 5,486크로네(약 100만 원)를 받는다. 대학 생들은 정부로부터 추가로 매월 최대 2,807크로네(약 51만 원)를 저 리에 대출받을 수 있는데, 이 대출은 졸업 후 상환된다. 이런 지원 을 계속하는 것은 국가에 이득이 되기 때문이다.

대학 무상교육을 반대하는 인사들은 대학교육의 과실을 대졸자 혼자서 차 지한다고 생각하여 혈세 낭비라고까지 주장한다. 현재에도 대학생이 너무 많 다고 주장한다(이는 일부 사실이고, 일부 아니다. 〈제10장〉에서 자세히 설명하 겠다). **대학 무상교육을 반대하는 사람들은 대체로 현재의 학벌체제에서 이득 을 얻고 있는 사람이거나, 그들의 주장에 속아 현실을 잘못 알고 있는 사람들 이다.**

남은 것은 대학 무상교육에 돈이 얼마나 필요하며, 이를 어떻게 조달할 것인가 하는 문제이다. 다음 장에서는 이 문제를 살펴보겠다.

제8장　대학 무상교육에 필요한 재원

1. 얼마나 필요한가?

• 2021년 대학등록금 총액 약 10조9천억 원

대학교육을 받은 사람들은 졸업 후 약 40년에 걸쳐 해마다 이익을 얻을 뿐만 아니라 사회에도 큰 수익을 안겨 주기 때문에 대학 무상교육이 결코 낭비가 아니라는 사실을 설명했다. 무상교육을 반대하는 사람들은 대개 학벌사회로부터 이득을 얻는 사회 엘리트들이거나, 기득권층의 이익을 옹호하는 보수언론들이다. 또 "돈이 너무 많이 든다"라는 그럴듯한 주장에 속아 넘어간 서민들도 있는데, 안타깝게도 스스로 밥상을 발로 차서 엎어버리는 행위와 같다. 대학 무상교육에 진짜 얼마나 드는지, 보장된 사회적 수익을 포기할 정도로 한국경제에 큰 부담이 되는지 알아본다.

표 27에서 볼 수 있듯이, 2021년 현재 전국의 일반대학과 전문대학 및 대학원생들이 부담하는 등록금 총액은 10조8,977억 원 정도이다.[35] 국공립대학 재학생들이 1조2천억여 원을 내고 있고, 사

표 27　2021년도 전국대학 등록금 총계(학부 + 대학원, 단위: 천 원)

구 분	4년제 대학 (일반대와 교육대)	전문대학	합계
국공립대	1,225,306,504	17,436,249	1,242,742,767
사립대	7,371,930,885	2,283,069,475	9,655,000,360
합계	8,597,237,389	2,300,505,724	10,897,743,127

※ 등록금: 입학금 + 수업료. 국공립대학에 서울대와 인천대가 포함됨

35　교육부, 「2021년 4월 대학정보공시 분석 결과 자료 발표」(2021. 4. 30)

립대학 재학생들이 9조6천여억 원 정도를 부담하고 있다. 전문대학 재학생들이 부담하는 등록금도 2조3천억 원에 이른다.

교육부 자료에 따르면, 2021년 전국 195개 일반대학(교육대 포함) 1,661,829명의 재학생들이 납부한 등록금은 8조6천억 원(2020년 기준 8조6,050억 원), 133개 전문대학 재학생들이 부담한 등록금은 2조3천억 원(2020년 2조3,353억 원)으로 총 10조 8,977억 원(2020년 10조9,400억 원)이다. 2020년 정부의 장학금 지원이 약 3조8,244억 원(일반대 2조7,358억 원, 전문대 1조886억 원)[36]에 이르므로, 완전 무상교육에 필요한 기금은 약 7조777억 원이다. 2021년 현재 555조8천억 원에 이르는 한국 정부의 예산 규모를 고려하면, 대학 무상교육에 들어가는 비용을 조정하는 것은 어렵지 않을 것으로 예상된다.

어떻든, 매년 7조 원 정도의 예산이면, 전국의 모든 전문대학생(385,052명)과 일반대학생(1,276,777명)들이 등록금 걱정 없이 공부를 할 수 있다. 저소득계층 출신 학생들도 대학에 다닐 수 있으며, 재정 여건이 어려워 전문대 교육으로 고등교육을 마무리하던 학생들도 4년제 대학에 다닐 수 있게 된다. 성인이 되고 난 후, 대학교육을 받고 싶은 사람들도 비용부담 없이 그 목표를 달성할 수 있을 것이다. 등록금 규모는 대학생 수가 줄어들면서 급격히 감소하고 있어, 대학 무상교육을 당장 시행한다 해도 정부의 부담은 매년 크게 감소할 것이다.

대학 무상교육을 전문대생부터 실시하자는 주장도 있고, 국공립

대생에 대해서만 실시하자는 주장도 있다. 이러한 주장들은 전 국민이 확보하는 권리로서의 무상교육에 대한 이해의 부족으로 보이지만, 일단 각 방안들에 필요한 소요 예산을 검토해보자.

① 전문대 재학생만을 대상으로 할 경우, 연간 예산 약 1조2천억 원

대학생들 가운데 가장 절실하게 등록금 지원이 필요한 집단은 전문대생들이다. 가정환경이 대체로 가장 어렵기 때문이다. 전문대생에게만 지급할 경우, 비용부담도 적어 연간 약 1조2천억 원이면 된다. 전문대생 등록금 총액 2,300,505,724에서 국고 장학금 약 1조 8백억 원을 뺀 금액이다. 미국 정부도 일단 2년제 대학(커뮤니티 칼리지)부터 무상교육을 시행할 계획이다. 다만, 한국 대학생의 28% 정도가 진학하고 있는 전문대 교육은 혁신이 필요하다. 그리고 전문대 재학생을 대상으로 대학 무상교육을 먼저 시작할 경우, 등록금 부담이 가장 큰 일반대 재학생들이 계속 등록금 고통에 시달리는 것이 문제이다.

② 국공립대 재학생만을 대상으로 할 경우, 연간 예산은 약 1조2,427억 원

일부 정치인들은 국공립대 재학생들에 대해서만 무상교육을 시행하자고 주장한다. 아 경우, 기존의 국가장학금을 제외하면 투입될 예산은 6천억 원 정도에 지나지 않기 때문에 큰 부담 없이 시행할 수 있는 장점이 있다. 그러나 수도권사립대 〉지방국립대 〉지방사립대 〉전문대라는 서열을 중심으로 계층화가 이루어진 상태에서 국립대에 먼저 실시하는 것은 한마디로 유리한 위치의 사람을 더욱 유리하게 만드는 정책이 된다. 무상교육이라는 멋진 이상이 중·저소득층을 외면하고 고소득계층을 돕는데 활용된다는 문제가 있다.

즉, 국립대학생에게 먼저 실시하자거나 또는 국립대학만 실시하자는 주장은 부자의 곡간을 다 채우고 난 후 빈자를 돌보자는 주장과 같아 설득력이 떨어진다. 또한 특성화고 출신이 가장 많고, 특목고·자사고 출신이 거의 없는 전문대생의 98%가 수혜대상에서 제외되는 불공정이 발생한다. 가계 소득에 비해 등록금이 너무 높아 고통받는 사립대학생들을 지원대상에서 제외하면, 무상교육의 의미가 크게 훼손된다.

존 롤즈의 다음 지적을 참고할 필요가 있다.

"문화적인 지식이나 기능을 획득하는 기회가 우리의 계급적 지위에 따라 결정되어서는 안 되며, 따라서 공립이든 사립이든 학교제도는 계급장벽을 철폐시키도록 기획되어야 할 것이다."(존 롤즈, 『정의론』(황경식옮김), p. 120)

③ 전체 대학생(=국민)을 대상으로 할 경우, 소요 예산 약 7조777억 원

전 국민 즉, 모든 대학생에게 무상으로 고등교육을 공급하는 것이 진정한 의미에서의 대학 무상교육이다. 현재 대학진학률이 세계 최고 수준인 84%에 이르는 상황에서, 대학 무상교육은 보편적 인권의 보장이라 할 수 있다. 대학 완전 무상교육을 하기 위해서는 전체 대학생의 등록금 총액 10조9,400억 원에서 국가장학금 총액 3조8,244억 원을 제외한 액수가 필요하다. 2020년 기준으로 약 7조777억 원이면 문제가 해결된다.

다만, 수업료가 대학마다 다른 상황에서 국공립대에 다니는 학생과 사립대에 다니는 학생 간에 지원액의 차이가 발생하여 공정성 문제가 제기될 수 있다. 일반대학의 등록금 수준이 수도권 사립대학 > 지방사립대학 > 국립대학 순이라서 사립대학에 다니는 학생들이 국공립대학생들보다 더 많은 지원을 받게 되어 형평성에 관한 문제 제기가 있을 수 있다. 그리고 이를 악용하여 일부 사립대학이 등록금을 계속 인상할 가능성도 있다. 이 문제를 해결하기 위해서는 사립대학생들에게도 국공립대학생들의 등록금 액수를 지원하는 방식을 생각할 수 있다. 2020년부터 저소득계층 대학 무상교육을 시행하고 있는 일본이 이러한 방식을 채택하고 있다.

• 전체 대학생들에게 같은 액수를 지원할 경우, 소요 예산 약 6조446억 원

국공립대학생에게 지원하는 등록금 액수만큼을 사립대학생에게도 적용하는 방식이 실행 초기에 등록금 지원액의 형평성을 유지하기 위해 선택할 수 있는 방식이라 생각된다. 이러한 방식으로 2020년 등록금을 기준으로 계산해 보면,

일반대 재학생 1,981,003명 x 418만 원(국공립등록금) = 8조2,805억9,254만 원

전문대 재학생 621,772명 x 241만 원(국공립등록금) = 1조4,984억7,052만 원

교대생과 산업대생 등록금 총액 약 900억 원

총계: (9조8,690억 원 – 국가장학금 총액 3조8,244억 원) = 6조446억 원

즉, 모든 대학생에게 국공립대 수준의 등록금을 지원할 경우, 약 6조446억 원만 있으면 가능하게 된다.

2. 6조 원의 고등교육 투자가 초래할 놀라운 결과

• 국립대생은 완전 무상에 용돈까지, 사립대생은 연간 등록금 90만 원

2020년 기준 약 6조446억 원을 고등교육에 투자해 대학 무상교육을 실행할 경우, 놀라운 변화가 예상된다. 우선 모든 국립대학생은 등록금 없이 대학교육을 받을 수 있고, 사립대생은 약 40%의 등록금으로 대학을 다닐 수 있다. 국립대생은 2020년 기준 평균 418만 원인 등록금 전액을 국가가 대학에 지불하므로 학생 본인의 부담이 없다. 국공립 전문대생에 대해서는 241만 원을 소속 대학에 지불하며, 학생은 등록금을 납부하지 않는다. 국공립대생에 대해 현재와 동일한 액수의 장학금이 계속 지급된다면, 외부 장학금 액수만큼 용돈이나 생활비로 쓸 수 있게 될 것이다.

사립대생의 연간 등록금 부담액은 평균 331만 원(749만 원－418만 원)이 되어 크게 낮아진다. 여기에 현재 수준의 장학금(1인당 연간 344만 원－국가장학금 약 100만 원)이 계속 지급된다면, 사립대생의 연 평균 등록금 부담액은 연간 약 90만 원이 된다. 사립대학생의 한 학기 등록금 부담액은 약 40-50만 원이 되어 스위스나 프랑스 수준이 된다.

3. 예산을 확보하는 방법

정부예산 555조 원이 넘는 국가에서 고등교육 무상화에 필요한 예산 6조 원을 확보하는 방법은 많다. 먼저 대학 무상교육에 필요한 예산은 OECD 평균 수준의 고등교육예산을 확보하기만 하면 충분하다. 다음으로 정부예산을 조정하면 가능하다. 기본권이면서 공동선에 속하는 권리의 실현을 우선 정책으로 삼아 기존의 정부예산을 조정하면 문제 될 일이 없다.

• OECD 평균 수준의 예산확보

가장 쉬우면서 꼭 필요한 방법이다. 고등교육 예산을 OECD 평균 수준으로 확보하면 쉽게 해결된다. 현재 0.6%에도 미치지 못하고 있는 GDP대비 고등교육예산 비중을 OECD 평균인 1.0%로 올리면 등록금 문제는 자동 해결된다. **표 28**은 2017-2021년까지 한국의 GDP와 고등교육예산 규모 및 그 비중을 보여주고 있다. 참고로, OECD에서는 2021년 한국경제가 3.6% 성장할 것으로 전망하고 있다. 이 전망에 따르면, 2021년 명목 GDP는 1,993조7,322억 원에 달할 것으로 예상되며, 2021년도 고등교육예산 11조1,455억 원은 GDP 예상치의 0.56% 수준에 불과하다. OECD 평균인 1.0%인 19조9,373조 원이 되려면 2021년 고등교육 예산보다 약 8조7,918억 원이 더 투입되어야 하며, 2022년에 이 정도로 예산을 늘리면 문제가 해결된다.

고등교육 예산 증액은 고등교육 발전을 위해 정부가 당연히 부담해야 하는데, 대학에 대해서가 아니라 국민의 기본권 보장을 위해 지원하는 것이다. 무엇보다 한국의 대학진학률은 세계 최고 수준이므로 이 현실을 외면해서는 안 된다. 대학진학률이 40-50% 수준밖에 안 되는 국가들도 고등교육예산은 대체로 1.0%가 넘는다. 고등교육에 대한 국가 예산이 한국처럼 GDP의 0.6%가 안 되는 나

표 28　　2019-2021년 명목GDP 규모 및 고등교육예산 비중 비교(단위: 억 원, %)

연도/항목	2017	2018	2019	2020	2021
명목 GDP	1,835조6,980	1,898조1,930	1,919조0,399	1,924조4,529	1,993조7,322 (3.6% 성장)
고등교육예산	9조2,807	9조4,987	9조5,617	10조8,286	11조1,455
GDP 비중*	0.51(%)	0.50(%)	0.50(%)	0.57(%)	0.56(%)

※ GDP 비중(%)은 필자가 계산함

자료: KOSIS 국가통계포럼 https://kosis.kr/search/search.do

라는 일본(0.4%)과 영국(0.5%) 외에는 없다.

표 29는 OECD 주요회원국들의 고등교육예산이 GDP에서 차지하는 비중과 대학진학률(25세 이하)을 비교한 것이다. 이를 보면, 한국의 고등교육예산 부족이 확연히 드러난다. 한국의 대학진학률은 84%로서 회원국 가운데 압도적으로 높다. 한국의 대학진학률이 이렇게 높은 것은 유럽과는 달리 전문대에 많은 학생들이 진학하고 있기 때문이다. 2018년에는 전문대 진학률이 28%에 이르고 있고, 일반대학 진학률은 56% 정도이다. 한국의 일반대 진학률은 유럽의 여러 나라들과 비슷한 수준이라고 할 수 있다. 어쨌든 현재 84%의 진학률은 세계1위에 해당한다. 대학진학률이 한국과 비슷한 나라는

표 29　　OECD 주요회원국 대학진학률과 고등교육 예산 비중(2018)

국가	25세 이하 대학진학률(%)	고등교육예산이 GDP에서 차지하는 비중(%)
대한민국	84	0.6
덴마크	53	1.6
핀란드	43	1.4
노르웨이	57	1.8
스웨덴	41	1.3
벨기에	62	1.2
스위스	40	1.3
프랑스	?	1.1
독일	45	1.0
네덜란드	53	1.1
아이슬란드	43	1.2
칠레	71	1.0
터키	67	1.3
에스토니아	42	1.1
미국	44	0.9
OECD 평균	49	1.0

자료: OECD(2020), Education at a Glance 2020에서 필자 편집

찾아볼 수 없다.

그러면 OECD 회원국들은 어느 정도의 고등교육예산을 편성하고 있는가 하는 보자. 알다시피 한국의 고등교육예산은 GDP의 0.6% 수준이다. 주요회원국들의 수치는 덴마크(1.6%), 핀란드(1.4%), 노르웨이(1.8%), 스웨덴(1.3%), 벨기에(1.2%), 스위스(1.3%), 프랑스(1.1%), 독일(1.0%), 네덜란드(1.1%), 아이슬란드(1.2%), 칠레(1.0%), 터키(1.3%), 에스토니아(1.1%), 미국(0.9%) 등이다. 모두 한국보다 훨씬 낮은 대학진학률에도 불구하고 고등교육예산이 GDP에서 차지하는 비중은 높다. OECD 평균은 진학률 49%에 고등교육예산 비중 1.0%이다. 이것은 결국 한국의 고등교육이 국민 개개인의 비용부담으로 이루어지고 있다는 것을 의미한다.

필자는 최근 어떤 토론회에 참석한 교육학자로부터 "유럽은 대학진학률이 40-50% 수준이기 때문에 이 수치를 올리기 위해 대학무상교육을 실시하고 있다."라는 황당한 이야기를 들은 바 있다. 그렇지 않다. 유럽의 여러 국가가 무상교육을 실행하는 것은 진학률을 올리기 위함이 아니고, 대학교육을 기본권으로 인식하고 있기 때문이다. 4년제 일반대학을 기준으로 비교하면, 유럽의 일부 국가들은 이미 한국만큼 진학률이 높다. 중요한 것은 대학교육에 투입하는 예산 없이 대학교육이 발전할 수 없다는 사실이다.

● 학생 수 감소와 고등교육 국제화 예산

한국의 고등교육을 정상화하고 국제화하려면, 고등교육예산이 GDP의 최소 1.5%는 되어야 한다. 2021년 예상 GDP를 기준으로 하면 약 30조 원이 있어야 한다. 그래서 GDP 대비 1% 고등교육예산 확보는 대학 무상교육과 대학교육 발전을 위해 꼭 필요한 최저

기준선이다. 대학교육연구소(2021)에서 추정한 대학생 수 감소 추계에 의하면, 2025년 전국의 대학생 수는 2020년에 비해 25만1천여 명(13.3%)이 감소한 1,639,915명이 될 것이다.

OECD 회원국들의 대학생 1인당 평균 교육비는 전문대 12,422달러이고, 일반대 17,566달러이다. 이를 적용하면, 2025년에 전문대 3,900,296,826달러(약 4조5천억 원) 그리고 일반대 23,291,303,946달러(약 26조 원)가 필요한데 이를 합하면 약 30조5천억 원인바, 이 예산이 있으면 한국의 대학생 1인당 교육비를 OECD 평균 수준으로 올릴 수 있게 된다.

2035년 이후 대학생 수가 감소하면(전문대 251,381명, 일반대 1,305,588명) 필요예산은 더 줄어들게 된다. 2040년에는 OECD 대학생 1인당 평균 교육비를 적용하면 전문대생 교육에 약 2조2천억 원, 일반대생 교육에 약 21조7,300억 원이 지급되면 충분하다. 그래서 2040년 OECD 회원국 평균 수준의 교육환경을 만드는데 필요한 교육비는 총 23조9,300억 원으로 감소하게 된다. 다시 말해, 2025년까지 고등교육예산 30조 원 확보는 대학교육 발전을 위해 필수조건이 되며, 2040년이 되면 예산소요액은 24조 원 이하로 감소한다. 이 시기 동안 한국경제의 성장으로 재정부담은 계속 낮아지게 된다.

지방교육재정교부금법을 통해 내국세 총액의 20.79%를 지원받고 있는 초·중등교육처럼 고등교육에 대한 안정적 재원을 확보하기 위해서는 고등교육재정교부금법을 제정해야 한다. 등록금만을 지원한다고 해서 국가가 고등교육에 대해 그 책임을 다하는 것이 아니다. 대학교육이 발전할 수 있도록 충분한 지원을 해야 한다.

4. 정부예산의 합리적 조정

• 예산의 합리적 배분

대학생 등록금을 지원하기 위해, 정부의 여러 부서나 조직의 관할예산을 조정하는 방안도 있다. 예를 들어, 2021년 일자리위원회 관할예산이 약 30조 원이며, 저출산고령화위원회의 관리예산은 약 46조 원에 달한다. 일본은 저출산 대책의 일환으로서 저소득계층 대학 무상교육을 실시하고 있다. 우리도 저출산위원회 예산 일부를 무상 고등교육을 위해 사용하도록 조정하면 위원회의 목표 달성이 용이해질 것이다. 중국은 교육 불평등 해소를 통해 저출산 문제를 해결하려 하고 있다. 일자리위원회의 예산도 고등교육을 위해 사용될 수 있다. 중·저소득계층 자녀들이 대학 무상교육을 받게 되면 학업에 전념할 시간이 늘어나고 창업과 취업에 상당한 긍정적 효과를 주게 될 것이다.

대학이 발전하기 위해서는 R&D 예산의 조정도 가능하다. 한국의 2021년 R&D 예산은 27.2조 원인데, GDP대비 비중이 4.1%로서 세계 1위이다. 이 예산의 78.2%가 기업부문에 지원됨으로써 신상품개발에 투입되고 있고, 대학의 기초과학 연구에는 상대적으로 적은 예산이 지원되고 있다. 참고로, GDP의 2.1%를 R&D에 쓰는 싱가포르는 60.2%를 기업부문에 배정하고 있고, 독일은 2.9%의 예산에 67.7%를 기업부문이 쓰고 있다. 미국은 GDP의 2.7%를 R&D에 투입하고 있는데 71.5%를 기업부문에 투입하고 있다., 대학에 많은 기금을 지원하는 국가일수록 기초과학연구가 강하다. 중장기적으로 대학과 기초과학 발전을 위해 R&D 예산 조정을 검토해 볼 필요가 있다.

다시 말하지만, 고등교육예산을 OECD 평균인 GDP의 1.0% 수준으로 올리기만 해도 2021년 고등교육 예산보다 약 8조7,918억 원이 늘어나게 되므로, 대학 무상교육에 필요한 예산 6조 원은 자동으로 확보된다. 전국의 대학생/학부모가 대학 무상교육의 혜택을 누리게 될 것이다. 이것은 중장기적 관점에서 엄청난 사회적 수익을 보장하는 투자가 된다는 점도 이미 설명했다. 그러나 대학교육이 발전하기 위해서는 GDP대비 1.5%의 고등교육예산 확보가 필요하다. 2025년까지 30조 원의 고등교육예산 확보가 이뤄지면, 이 가운데 6조 원 정도는 대학 무상교육에 사용하고, 나머지는 대학교육 질적 향상을 위해 사용할 수 있다.

• 반값등록금과 대학 무상교육

2006년 필자는 우리나라 대학의 재정안정화 방안으로 (1)저소득층 대학등록금 전액 국가부담 (2)사립대학 교직원 인건비 국가부담 (3)등록금후불제 실시 (4)고등교육재정 확충 (5)1인당국민소득 25,000달러 달성 이후 고등교육 완전공영화를 제시한 바 있다.[37] 1인당국민소득 25,000달러 정도가 되면, 전 국민에게 무상교육을 제공할 수 있는 재정여건이 된다고 생각했기 때문이다.

2009년에 실시된 '취업후상환 학자금대출제도'는 등록금후불제를 흉내 낸 정책이다.[38] 그러나 이는 필자의 등로금 후불제 주장과

37　박정원(2006), "교육혁명을 이루기 위한 고등교육재정 개혁방안", 『우리 대학, 절망에서 희망으로』, 전국교수노동조합, 2006.

38　http://www.ohmynews.com/NWS_Web/View/at_pg.aspx?CNTN_CD=A0001193557&CMPT_CD=P0001

는 전혀 다른 정책이다. 학자금대출제도는 학생들이 등록금을 대출 받아 등록하는 형식이지만, 등록금후불제는 대학재학 기간에는 등록금 고지서를 발부하지 않는다. 졸업 후 세금을 납부하듯 소액을 여러 해에 걸쳐 상환하는 제도이다. 취업을 하지 못하는 기간이나 실업상태가 되면 납부도 유예된다.

2007년 대통령선거에서 이명박 당시 한나라당 대통령 후보는 반값등록금을 내세워 민주당의 등록금후불제를 압도하면서 대통령 선거에서 이겼다. 그러나 당선 후 반값등록금 공약을 시행하지 않았다. 그래서 반값등록금 정책은 아직도 완성되지 않았다. 이 약속은 꼭 지켜져야 하지만, 신자유주의를 추구하는 미국과 일본까지 대학 무상교육 정책에 돌입한 상태에서 우리가 계속 반값에 매달릴 이유가 없다. 저소득층 대학등록금 국가부담 정책은 일본이 2020년부터 실시하고 있다. 미국도 2년제 대학(커뮤니티 칼리지)부터 무상교육에 돌입하기 위한 예산확보에 들어갔다. 대학교육을 시장재로 간주해 오던 시장경제 체제의 선두주자들이 한국보다 먼저 대학교육 무상화에 나선 것이다.

한국의 1인당 국민총소득(GNI)은 2013년에 이미 25,000달러를 넘어섰으며, 이후 성장을 지속하여 2020년 현재 31,755달러에 이르고 있다. 참고로 다수의 유럽 국가들이 대학 무상교육을 도입할 당시 1인당 국민소득은 6,000-7,000달러 수준이었다. 이제 우리나라도 대학 무상교육을 실현할 수 있는 경제적 여건은 충분하다고 볼 수 있다.

제9장 대학서열 해체

고등교육 개혁의 목표는 불평등을 구조화하는 대학교육 체제를 바로잡음으로써 모든 국민이 자신의 능력에 따라 원하는 만큼 최고 수준의 교육을 받아 삶을 영위하게 하는 것이다. 국민은 좋은 교육제도의 바탕 위에서 자신의 잠재능력을 최대한 계발하고 자신이 소망하는 일을 하면서 행복한 삶을 살 수 있다. 이제 고등교육은 국민의 행복 추구를 위해 반드시 보장돼야 하는 기본권이 됐다. 그러나 현실에서는 고액의 대학등록금과 대학의 불균등 발전에 따른 서열체제가 교육기본권을 무력화시키고 있다. 대학 무상교육 운동이 성공하여 등록금 부담이 사라져도 대학서열 체제가 존속하는 한 사교육 창궐과 공교육 위축, 암묵적 고교등급화, 학벌 체제 존속 등 한국교육의 주요한 모순들은 사라지지 않을 것이다. 따라서 **한국 교육의 정상화를 위한 최후의 과제는 대학서열 해체와 대학 균형발전**이 된다. 대학서열 체제는 학벌사회를 지키는 악마의 경비병이며, 사회 질병의 근원이라고 해도 과언이 아니다. 공정한 사회를 만들기 위해서도, 모두의 행복한 삶을 위해서도 대학서열 체제는 해체해야 한다. 다만, 돈키호테가 여관주인을 상대로 막무가내로 덤비는 식이 아니라 차근차근 접근해야 한다.

이를 위해 대학서열 체제가 형성되는 과정과 전문가들의 처방을 훑어본 후 필자의 방안을 제시하고자 한다.

1. 대학서열 체제 형성과정

• 초·중등교육 평준화와 대학서열 체제

1970년대 중반 이후 한국의 초·중등교육은 평준화를 추구해 왔고, 고교서열화로 고통받던 서민들의 큰 지지를 받았다. 하지만 고교평준화정책은 대학서열 체제와 충돌을 일으키면서 소기의 목표를 달성하지 못했고, 오히려 중등교육을 다시 등급화하는 결과를 낳고 말았다. 이명박 정권은 고교다양화란 명분을 내세워 자율형사립고 육성정책을 시행했다. 이 정책은 학벌사회의 지배자인 소수 기득권층의 욕망과 일치하는 것이었지만, 노동자·서민의 자녀를 결국 저소득·비정규직으로 몰아넣어 희생자로 만들었다. 자율형사립고는 이름부터 해괴한 것이었다. 원래 영국이나 미국의 사립고교는 '자립형사립고(independent private high school)'로서 정부의 지원을 받지 않는 대가로 다소의 자율성을 누리는 사립고교이다. 그런데 정부 지원을 받으면서도 규제는 거의 받지 않는 '자율형사립고'라니, 정말 기이한 창작품이었다. 자사고는 기득권층들과 사학재단의 환호 속에 비 온 뒤의 버섯처럼 전국 곳곳에 생겨나 중등교육 체제는 사실상 평준화 이전으로 회귀하고 말았다. 'SKY'대학을 비롯한 수도권 사립대학들과 지방국립대학 등 소위 상위서열 대학에는 자사고, 특목고 출신들로 넘친다. 서민의 자녀들인 일반고 출신들은 입시에서 밀리고 있고, 공교육은 궤도를 벗어나고 있다. 그래서 대학서열 체제의 해체는 중등교육 정상화의 전제가 되며, 불공정과 불평등을 걷어내는 출발점이 된다.

• 대학서열의 형성과정

대학서열을 혁파할 방법을 찾기 위해서는 서열이 형성되는 과정을 정확하게 이해해야 한다. 서열은 학생, 학부모, 고용주, 지역사회 등 대학교육 수요자들의 선호가 반영된 것이다. 한국의 대학서열은 대체로 대학의 소재지, 전통과 명성, 교육환경과 성과 등에 의해 형성됐다. 그중 가장 큰 영향을 미치는 요인은 대학의 소재지이다. 학생들이 서울과 주변 도시를 압도적으로 선호하는 이유는 입시에서 해방된 성인으로서 문화적 다양성을 즐기고 자신의 취향에 따라 또래 집단과 어울릴 수 있기 때문이다. 사실 수도권과 몇 개의 대도시를 제외하고는 대학생들의 문화적 갈증을 풀어줄 공간이 많지 않기 때문에 젊은이들은 무조건 대도시를 선호하고 있다. 또한 일자리와 그에 관한 정보가 많은 것도 학생들이 수도권을 선호하는 이유 중 하나이다. 서울과 수도권의 대학들이 별다른 특색이나 장점 없이도 상위권 서열에 위치하게 된 배경이다.

또한 대학은 평판(brand loyalty)이 강하게 작용하는 부문이라서, 전통과 명성이 매우 중요하다. 신설대학이 전통의 명문을 제치고 신흥명문으로 자리 잡기는 쉽지 않다. 'SKY'의 아성에 도전하기 위해 재벌그룹들 일부가 그들이 운영하는 대학을 집중적으로 지원했지만, 서열을 거의 올리지 못한 사실이 이를 증명한다. 대학 운영 주체도 중요한데, 국립대학에 대한 신뢰가 사립대학보다 높다. 사립대학의 신뢰도가 낮은 원인은 거의 주기적으로 언론에 보도되는 사학비리에 국민들이 염증을 내고 있기 때문이다.[39] 그래서 사립대학 전체에 대한 사회적 불신이 만연해 있어 국립대학보다 선호도가 떨어진다고 할 수 있다.

또한 정·관계와 재계 등에 유력인사를 많이 배출한 대학, 각종

---

39 사립대학의 비리는 인사·회계·건설 비리, 족벌경영. 교권 탄압, 학생들의 자치활동 억압, 교직원의 노동권 탄압 등 다양하다. 사학비리는 지방의 작은 대학에서만 발생하지 않는다. 2020년 교육부 감사 결과 고려대, 연세대, 홍익대 등 유명 사립대에서도 엄청난 비리가 적발됐다.

고시나 공인회계사 등 시험에서 합격자가 많은 대학 등이 높은 서열을 차지한다. 1970년대 초, 일부 대학이 평판을 올리기 위해 타 대학 출신의 사법시험 1차 합격자에게 전액 장학금을 주면서 대학원 신입생으로 영입한 사례는 유명하다. 각종 운동부 육성도 명성을 유지하려는 목적이다. 재학생들의 대학에 대한 평가와 공교육기관 및 사교육기관의 평가도 상당한 영향을 미친다.

개별 대학의 교육환경과 교육성과도 서열 형성의 중요한 요인이다. 먼저, 교육환경은 교비의 크기와 정부의 지원액에 의해 좌우된다고 할 수 있다. 교육환경은 1인당교육비 수준을 통해서 알 수 있지만, 대학이 보유한 각종 교육시설을 통해서도 확인된다. 대학재학생들은 건물, 강의실, 실험실, 도서관, 박물관, 공연시설, 전시실, 기숙사, 장학금, 자격시험 등에 대한 지원, 동아리 활동 지원, 해외 교류 상황 등 여러 가지를 평가하며, 이 평가가 대학입학지원자들에게 전달되면서 대학에 대한 선호도를 형성하게 된다. 한 대학의 교육성과는 졸업생의 취업률, 취업 유지율, 소득수준 등에 의해 측정된다. 잘 가르치고 취업률이 높은 대학이 당연히 이들 지표에서 높은 점수를 얻는다.

여기서 일부 언론이 작성한 대학순위나 대학평가기관들이 매긴 순위 등은 별 의미가 없다. 참고로, 2020년 중앙일보의 국내 대학평가에서는 서울대 – 성균관대 – 한양대 – 연세대 – 고려대 – 경희대 – 중앙대 – 서강대 · 이화여대 – 한양대(에리카) 순이었다. 2015년부터 줄기차게 서울대 – 성균관대 – 한양대 순이라고 외쳤지만, 학생과 학부모들은 이 대학순위를 신뢰하지 않는다. 영국의 대학평가기관 Quacquarelli Symonds(QS)의 평가 등도 마찬가지다. 오랜 시간에 걸쳐 형성된 'SKY' – 수도권사립대 – 지방국립대 – 지방사립대 – 전문대라는 서열은 쉽게 바뀌지 않는다. 앞서 지적한 바와 같이 여러 가지 요인들에 의해 시장에서 형성된 서열이기 때문이다.

이에 비해, 교육부와 한국교육개발원의 진단역량평가는 매우 중요하다. 평가에서 낙제할 경우, 재정지원 배제와 함께 '부실대학'이라는 딱지가 붙기 때문에 대학 운영 여건에 강한 영향을 미친다. 그러나 이 평가는 대학의 진정한 교육력(敎育力)을 평가하는 제도라기보다 탈락 대학을 정하기 위한 평가에 불과하다. 대학역량진단평가에 포함된 평가지표들 가운데 주요한 몇 가지 지표들이 공정하지 않은 것이기 때문이다. 진단 평가가 대학 운영을 획일화시켜 오히려 서열을 강화하는 요소가 되고 있으며, 멀쩡한 지방대학을 죽이는 기제가 되고 있다.

대학교육의 질에 관련된 교수1인당 연구실적이라든가 저소득계층 입학 비중 같은 지표들을 배제한 것은 평가방식의 후진성을 보여준다. 대학교육 발전에 대한 종합적 전망 없이 진행하는 기본역량진단평가는 대학서열을 다시 확인하여 하위서열대학부터 퇴출하겠다는 정책으로 비춰질 뿐이다. 신입생 충원율 기준은 상당수의 지방대가 달성 불가능한 지표인데, 이 지표는 재학생 충원율 기준에도 결정적인 영향을 미친다. 그래서 지방 사립대학에게 큰 장애물로 작용하도록 설계돼 있다. 솔직히, 신입생 충원률을 대학평가 지표로 사용하는 나라가 어디 있는지 궁금하다. 수도권 대학은 쉽게 이 두 가지 기준을 충족시킬 수 있지만, 지방대는 이 지표부터 통과하기 어렵다.

대학서열이 영구불변하지는 않으며, 대학교육 수요자들의 기호가 바뀌면 서열 역시 바뀌게 된다. 1980년대 중반까지만 하더라도 지방국립대학의 선호도가 수도권 사립대학보다 높았다는 사실을 기억할 필요가 있다. 망국적인 대학서열 체제를 바꿀 수 있다는 얘기다.

2. 대학서열 해체와 '대학 평준화'

• 서열해체와 평준화

먼저 사회 일각에서 대학서열 해소와 유사한 용어가 사용되고 있어 이에 대한 정리가 필요하다. '대학 평준화'라는 용어이다. 대학의 평준화란 무슨 의미인가? 이탈리아에서 처음 발생한 유럽의 대학은 원래 학생들의 자치조직이었지만, 프랑스와 영국으로 넘어오면서 점차 교수진(faculty, college)을 지칭하게 된다. 교수진은 대학마다 특색있게 구성되어 있을뿐더러, 교육목표와 학문편제 및 교과과정 등은 대학에 따라 달랐다. 인문·사회계열 중심의 대학이 있고, 자연과학과 공학 중심의 대학도 있다. 의과대학이 있는 대학도 있고, 예술대학이 없는 대학도 있다. 대학에 따라 커리큘럼이 다르며, 또 그것이 당연하다. 예를 들어 경제학과의 경우, 수학과 통계학을 이용한 분석을 중시하는 대학이 많은데 그것이 꼭 표준은 아니다. 정치경제학과 경제사·경제사상사 분야를 비중 있게 가르치는 대학도 필요하다. 전문대학과 일반대학은 그 기능과 역할이 일치하지도 않는다. 대학교육에 평준화 개념을 적용하기 어려운 일이다.

대학이 1960-70년대의 대량생산체제에 필요한 인력을 공급하는 교육기관이라면, 평준화된 교육을 통해 표준화된 노동력을 노동시장에 공급할 수도 있다. 아직도 일부 자본은 표준화된 노동력을 원하고 있어 NCS(국가직무능력표준) 등이 교육과정에 큰 영향을 미치고 있기는 하다. 그러나 급속한 기술변화가 진행되고 있는 21세기에는 대학교육의 방식과 기능이 달라져야 한다. 대졸 노동자도 모두 평준화된 삶을 사는 것이 아니라, 자신만의 가치와 삶을 추구하는 사회라서 대학의 평준화가 갖는 의미가 없다. 오히려 대학들이 특성화된 분야를 연구·교육하여 자신의 존재가치를 드러내야 한다. 21세기의 대학생들 역시 평범한 인간(one of them)이 되는 것을 거부하고 자신만의 독특한 삶을 살길 원한다. 그뿐만 아니라, 자본의 이해가 대학교육의 기준이 아니라 인간이 중심이 되는 대학교육이 돼야 한다면 평준화라는 개념을 대학에 적용하기 어렵다. 실제 대학이 평준화된 국가는 없다. **'대학 평준화'라는 용어의 실제 의미는 대학 서열 철폐와 대학의 균등 발전이 아닐까 생각한다.**

3. 서열해체를 통한 사회 이동성 강화

• 개천에서 용(龍)이 나야

대학서열 해체가 어려운 과제이긴 하지만, 성공하게 되면 한국 사회가 극적으로 발전하게 될 것이다. 서열해체가 가져올 여러 가지 효과를 보더라도 그것의 가치를 알 수 있다.

먼저, 학벌사회가 민주 평등사회로 서서히 전환된다. 주요 학벌이 사회 여러 분야의 요직을 독점하고 있어 계급 독점이 발생했고, 사회적 효율성이 낮아졌다. 특정한 학벌은 대학교육 과정에서나 노동시장 진입단계에서 공정 경쟁을 거치지 않았고, 졸업 후 부와 권력이 집중되는 일자리를 독점해 왔다. 이러한 행태가 점점 강화되어 이 학벌에 속하지 않는 사람들의 사회적 진출에 큰 장애가 되었으며, 이와 달리 특정 학벌은 대를 이어 부와 권력을 독점하는 불평등 사회가 되었다. 봉건사회처럼 기득권층이 아니면 사회 요직으로의 진출이 거의 불가능한 사회가 되었고, "개천에서 용 난다."라는 속담이 부질없게 되었다.

대학서열과 고액등록금 체제를 기반으로 한국 사회의 이동성은 급격하게 악화됐다. 2020년 세계경제포럼은『세계 사회이동성 보고서(Global Social Mobility Report), 2020』를 발간했는데, 이 보고서에 실린 자료에 따르면 한국의 이동성 지수는 참담하다. 북유럽 국가들이 상위권을 차지한 가운데, 한국은 조사대상 82개국 가운데 25위를 차지했다. 순위가 중요한 것이 아니라, 열심히 공부하면 성공할 줄 알았는데 그러한 사회가 아니라는 점을 확인하는 것이 고통스러운 일인 것이다.

〈그림 3〉은 소득 하위 10%에 속하는 가계가 열심히 노력하여 중간소득(median income) 계층으로 상승하는데 몇 세대가 소요되는가를 나타낸 것이다. 브라질과 남아프리카가 가장 많이 걸려서 무려 9세대 후에나 중간소득 가계로 상승할 수 있다. 인도·중국·헝가리는 7세대가 필요하며, 칠레·프랑스·독일은 6세대가 걸린다. 가장 이동성이 높은 국가는 덴마크로서 2세대면 충분하고, 스웨덴·노르웨이·핀란드는 3세대가 걸린다. 한국은 미국·영국·이탈리아 등과 함께 5세대가 필요하다는 의미이다. 대개 저성장 국가들의 세대 간 소득 이동성이 낮은 것은 기득권층 일부가 소득의 원천을 독점하고 있기 때문이다.

물론 모든 불평등과 계층 고착화의 원인이 오로지 대학서열을 기반으로 형성된 학벌 체제에 있다고 할 수는 없다. 다른 여러 가지 요인도 함께 영향을 미쳐 발생한 문제지만 그 가장 큰 원인은 학벌

체제의 작동에 있고, 학벌 체제는 대학서열 체제에 뿌리를 박고 있다. 대학서열 해체가 학벌 해체로 이어지고 다시 사회 이동성의 강화를 가져올 것만은 확실하다. 학벌이 조속히 해체되지 않으면 불평등은 더욱 심화되고, 계층 고착은 굳어질 것이다.

• 정상사회로의 복귀

대학서열이 해체되면 학벌들은 누려오던 특권을 내려놓아야 하겠지만, 많은 국민은 이로 인해 오히려 즐거움이 넘치게 된다. 모든 대학이 균등하게 발전하게 되면 학생과 학부모는 대학을 멀리서 고를 필요가 없다. 동료와의 경쟁에서 승리하기 위해 사교육비를 부담하지 않아도 되고, 노력을 낭비하지 않아도 된다.

대학서열이 해체되면, 사교육을 받지 않아도 되어 중고등학생을 둔 가계는 매년 20-30조 원에 이르는 소득이 증가하는 효과가 발생할 것이다. 대학생 자녀가 있는 가계는 대학 무상교육의 실행으로 매년 총 10조 원 정도 소득이 증가하게 된다. 그만큼 생활이 훨씬 윤택해질 것이다. 사교육은 관심 있는 분야를 더 배우기 위한 목적에서만 이루어진다. 교육선진국이라 불리는 유럽 국가들은 사교육비를 학교가 지원한다.

대학서열이 사라지면, 중고등학생들의 삶이 완전히 달라진다. 동료와 친구를 경쟁상대로 만들었던 입시교육이 드디어 인간교육으로 대전환을 이룰 수 있게 된다. 승리의 기쁨을 추구하지 않고 공감의 즐거움을 추구하는 삶이 될 것이다. 남들이 학습하는 것을 자신도 학습하는 것에서 벗어나, 자신이 좋아하는 분야를 공부하게 된다. 암기력이 아니라 창의력이 인정받는 시대가 온다. 밤늦게까

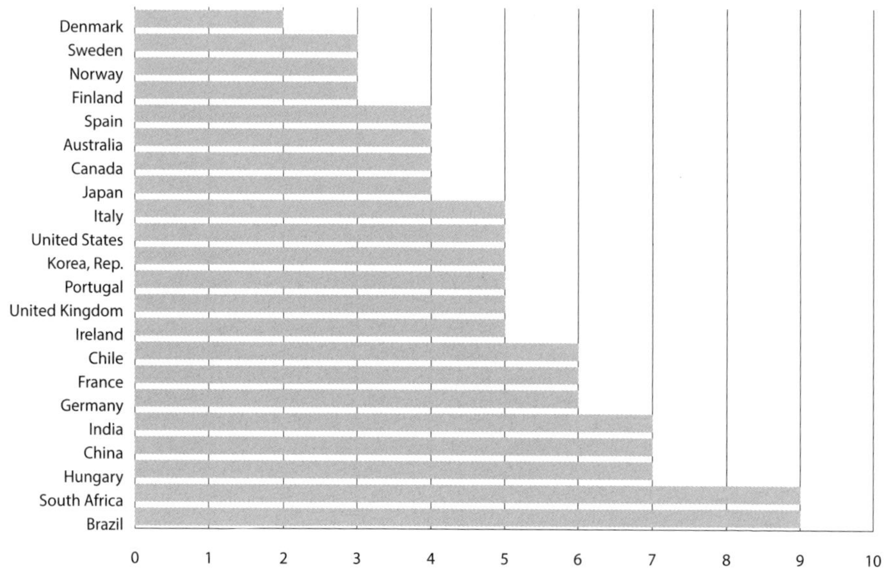

그림 3　　세대 간 소득 이동성(Income Mobility Across Generations)

자료: World Economic Forum(2020), The Global Social Mobility Report 2020. Jan. 2020. http://www3.weforum.org/docs/Global_Social_Mobility_Report.pdf

지 억지로 공부하지 않아도 되며, 누구나 거주지 주변에 있는 대학에 다니게 될 것이다. 대학서열이 사라지면, 소위 명문대 졸업자와 고졸자 사이의 임금 격차도 낮아져 굳이 대학을 가지 않아도 자신의 계획을 실현하며 살 수 있는 시대가 올 것이다. 교사들은 학생들과 더불어 인생과 삶에 관한 얘기를 주고받으면서 진실한 사제로서 소통하게 될 것이다.

• 핀란드의 경험

앞의 얘기들은 단지 희망 사항이 아니다. 핀란드의 교육개혁에서 실제 일어난 일이다. "핀란드는 1980년대에 교육개혁을 수행하면서 학생을 선발하는 몇 개의 최상위 학교나 아이비리그 같은 대학을 만들려고 하지 않았다. 만일 일부 학생이 일류 학교에 진학하고 다른 학생은 그렇지 못하다면 불가피하게 불평등이 초래될 것인데, 이것이야말로 바로 핀란드인이 근절하려 하는 목표였다. 그래서 핀란드는 일류 학교 몇 개를 건설하는 대신, 모든 학교를 균등한 수준으로 업그레이드시키는 것을 목표로 삼았다. 화려한 학업성적을 달성할 스타급 학생의 양성에 초점을 맞추기보다 평등을 달성하는 것을 목표로 했다."(Mahmudul Islam, 2021)

하버드대학에서 교육학 교수를 지낸 파시 살버그는 핀란드교육이 주는 교훈을 다음과 같이 말한다. "핀란드로부터 정말 배워야 하는 것은 모든 학생에게 탁월하고 평등한 교육을 제공하기 위해 분투해야 하며 또 그것이 가능하다는 것이다. (중략) 핀란드는 교육체계를 설계할 때 초등교육으로부터 고등교육에 이르기까지 교육 평등권의 가치와 원칙에 따라 숙고했다."(Pasi Sahlberg, 2021) 핀란드는 이처럼 교육의 수월성과 평등성의 가치를 대학교육 개혁에까지 적용함으로써 대학서열이 발붙일 틈을 없애 버렸다. 핀란드에선 초등학교부터 대학까지 말 그대로 '동네에 있는 학교가 최고의 학교이다.' 핀란드인들도 개인의 취향에 따라 선호하는 대학이 없는 것은 아니지만, 국민은 대학의 순위를 매기지 않는다. 당연히 학벌이 없고 그로 인한 폐해도 없다.

4. 백가쟁명식 대학서열 해소 방안들

대학서열 체제가 워낙 뿌리 깊은 문제이기 때문에 그 해소 방안에 대해 오랫동안 논의가 있었고, 당연히 여러 가지 방안이 제시되었다. 사교육걱정없는세상에서 2020년 10월 20일 – 11월 21일까지 총 4회에 걸쳐 진행한 '대학서열해소 열린포럼'에는 다양한 대학서열 해소 방안들이 제시되었다. '대학통합네트워크안'(김종영)을 필두로 '공유성장형 대학연합체제안'(반상진), '대학입학보장제안'(구본창), '권역별대학통합네트워크안'(김명연) 등이 소개됐다.

• 대학통합네트워크안

대학통합네트워크안은 정진상교수의 '국립대통합네트워크안(2004)'을 기초로 하여 여러 교육운동가들이 오랫동안 논의와 토론을 거쳐 보완·발전시킨 방안이다. 김종영교수가 정리한 내용을 보면, 이 안은 총 3단계로 되어 있다. 제1단계는 거점 국립대 9개를 발전시켜 (가능하면 이름까지 모두 바꿔) 서울대 수준으로 육성하고, 2단계로 거점 국립대를 중심으로 지역국립대와 사립대를 포함하여 5개 내외의 대학을 서울대 수준으로 육성한다. 여기서 통합네트워크에 참여하는 사립대는 공영형 사립대이지만, 일반 독립형 사립대도 참여한 제3단계에서 네트워크를 완성한다. 대학 이름은 한국1대학, 한국2대학, … 한국10대학 등으로 한다. 거점국립대학을 중심으로 공영형 사립대학을 연결하여 몇 개의 통합네트워크를 형성해 대학서열을 해체하자는 주장으로서 상당히 괜찮은 안이다.

그러나 현실에서 국공립대학들이 학생과 학부모로부터 비슷한 선호도를 얻고 있는 것은 아니다. 지방 국공립대학 사이에도 강한 서열이 형성돼 있다. 부산대·경북대 〉 전남대·충남대·부경대·인천대(법인) 〉 충북대·전북대·강원대 〉 창원대·경상대·한밭대·제주대 〉 기타 국립대학으로 서열이 형성돼 있다. 국립대학 간에도 교육환경의 격차가 크다. 거점국립대학들의 연간 학생1인당 교육비는 수도권의 사립대들보다 높은 평균 1,600~1,700만 원대이나, 나머

지 국공립대학은 1,400~1,500만 원대이다. 지방사립대학들은 이보
다 더 낮다.

• 국가책임 공유성장형 대학연합체제

교육개발원 원장을 역임한 반상진 교수가 제안하는 안이다. 국
내 대학들이 세계적인 대학들과 경쟁하기 위해 서로 협력하면서 자
원을 공유하여 규모를 키우자는 주장이다. 대학 규모가 중요하다는
생각에 바탕을 두고 있다. 두세 개의 대학이 '합하여' 예산 규모 2조
원 이상의 대학을 만드는 것이 그 시작이다. 학생들을 성적이 아닌
잠재력을 기준으로 선발하고, 공동입학과 공동학위 제도를 도입하
여 각 대학이 가진 자원을 공유한다면 입시경쟁을 줄이면서도 대학
교육의 발전을 이뤄낼 수 있다는 주장이다.

이 모델에서는 대학을 연구중심, 교육중심, 직업·평생교육중심
으로 구분한다. 그래서 연구중심 국립대 연합체제 + 교육중심 국립
대 연합체제 + 직업평생중심 국립대 연합체제를 구성하고 교육과
정과 강의 개방, 학점교류, 교수교류 등으로 확대해 나간다. 국립대
학력인증제를 도입하고, 국립대 공동 학생선발제도를 도입하며, 국
립대 공동학위제를 도입하여 운영하는 것이 핵심이다. 이것이 완성
되면 다시 공영형 사립대 및 건전 사립대와 결합하여 공유성장형
대학 체제로 이행하게 된다는 구상이다. (사교육걱정없는세상. 인터뷰 6
화-반상진편)

• 권역별 연합대학체제

한편, 김명연교수는 대학통합네트워크안을 개량한 권역별 연
합대학체제를 주장하고 있다. 거점국립대학통합네트워크와 권역

별 대학통합네트워크의 거버넌스 간의 기능과 권한 조정이 혼란스럽다는 점을 들어, 거점국립대학통합네트워크 보다는 권역별 연합대학체제가 바람직하다고 주장한다. 권역별 연합대학체제를 구성하려면 권역별 고등교육의 중심인 사립대학을 빼놓을 수 없으므로, 사립대학을 어떻게 할 것이냐의 문제로 회귀하게 된다. 그 대책은 다시 사립대학의 공영화 즉, 공영형 사립대 구축이 과제가 된다.

공영형 사립대는 정부가 대학재정의 50% 이상을 지원하는 대신 이사회 구성에서 공익이사를 50%이상 두는 방식이다. OECD에서 말하는 정부책임형사립대학(government dependent private university)과 유사한 개념이나, 여기서 공영형 사립대학은 엄격한 심사를 거친 소수의 대학을 의미한다. 실제 교육부는 공영형 사립대 사업의 유산인 '2021년 사학혁신 지원사업'에 상지대, 성공회대, 성신여대, 조선대, 평택대 등 5개 대학을 선정했을 뿐이다. 이 대학들은 사학의 투명성·공공성 강화를 위한 혁신과제를 수행하게 되며 2년간 각각 20억 원을 지원받는데, 제대로 된 공영형 사립대라면 최소 300억 원에서 1,200억 원 정도가 지원돼야 했다. 이 정도의 지원으로 국립대와 같은 수준의 교육여건이 확보될 수 있을지 의문이다.

• 대학입학보장제

사교육걱정없는세상 구본창 정책국장은 대학입학보장제을 통한 상생대학네트워크안을 제시했다. 일정 수준 이상의 성적을 가진 지원자에게 입학을 보장하는 네트워크를 만들고, 여기에 참여하는 대학들에게 교육여건 개선을 위해 '파격적인 재정지원'을 하여 교육효과의 극대화를 지향하자는 방안이다. 이 네트워크에 1단계로 국공사립대학 40개 정도, 2단계로 80개 정도, 3단계로 120개 대학으로 참여를 확대해 나가는 전략이다. 이 안이 실현되면, 입시생들 간 극한 경쟁을 통한 입시부담이 감소하게 된다. 또 대학은 신입생 선발보다는 교육에 더 힘을 써서 선발효과가 아닌 교육효과를 추구하는 모습을 갖추게 된다는 흥미로운 주장이다. 어쨌든 이 안을 상위서열 대학들이 받아들이는 것이 성공의 관건이 될 것이다. 현재, 특권이라고 부를 수 있을 만큼 엄청난 재정지원을 받는 서열상위권 대학들이 네트워크에 참여할 유인이 어느 정도라야 '파격적 재정지원'이라고 판단할지 예상할 수 없는 일이며, 이것이 또 다른 차별을 의미한다는 점도 약점이다.

• 대학평준화안

한편 임재홍교수는 대학통합네트워크를 기반으로 한 서열체제 극복방안을 제시하고 있다. 우선 국공립대학과 사립대학의 격차를 좁히기 위해 공영형 사립대를 다시 등장시킨다. 공영형 사립대로의 전환을 통해 대학서열체제 타파의 토대가 갖추어지면 본격적으로 공동선발-공동학점(학점교류)-공동학위제도를 도입하여 대학통합네트워크를 결성하는 국면으로 진입한다는 것이다. 대학통합네트워크는 대학에 대한 국가적 지원과 책임을 바탕으로 학생을 공동선발하고, 학점을 교류하며, 공동(통합)학위를 수여하는 대학연합체제인데, 이를 통해 대학통합네트워크에 포함된 대학들은 사실상 평준화 될 것이라고 주장한다.

공동선발은 대입자격고사를 통해 대학통합네트워크의 정원 숫자만큼을 선발하고, 이를 통과한 학생들은 원하는 학과에 진학하게 된다. 학교는 거주지역의 대학에 입학하도록 배정하되 원하는 대학에서 학점을 이수하도록 개방한다. 또한 초기 단계에는 기존의 인기 대학에 대한 지원이 집중될 것이기 때문에 일부는 추첨을 통해서 배정하는 방안을 제시하고 있다.

공동학점제는 대학통합네트워크의 어느 캠퍼스에서 학점을 이수하더라도 그 대학의 학점으로 인정하는 것이다. 이렇게 하여 특정 대학 캠퍼스에 대한 소속 욕구는 약화되고, 학생들은 공부하고 싶거나 가기 쉬운 대학에서 학점을 이수하면 될 것이라고 한다. 공동으로 학생을 선발하고 학점을 교류하기 때문에 졸업생들에게 대학통합네트워크의 이름으로 공동학위를 부여한다. 그렇게 되면 어느 캠퍼스 출신이냐를 따지지 않고 사회적 대우에 있어서 차별이 사라지게 된다고 전망한다. 대학통합네트워크가 수년간 안정적으로 시행되면, 대학 학벌이 사라지고 각 지역의 대학들이 균형적으로 발전할 수 있는 토대가 형성된다는 것이 이 구상의 요점이다.[40]

• 기존 방안들의 문제점

대학서열 해소 방안들은 모두 오랜 고민과 연구의 산물이다. 하지만 현실적용에 취약점이 있다. 먼저 '대학통합네트워크안'은 거점국립대를 중심으로 공영형 사립대학을 연결해 대학서열을 해체하자는 주장이지만, 거점국립대들이 수도권 사립대학보다 아래 서열에 위치해 있어 네트워크가 대학서열 해체에 얼마나 큰 영향을 미칠지 의문이다. 게다가 거점국립대학들 역시 강한 서열의 한 축을 이루고 있다는 사실도 이 방안을 약하게 만들고 있다. 한국1대학, 한국2대학,…, 한국9대학 같이 명칭을 통일한다고 하더라도 이는 대

---

40 임재홍(2021), "대학평준화방법", 『대학무상화·대학평준화 추진본부 워크숍 자료집』. 2021.

학서열 해소에 큰 도움이 되지 않을 것이라고 예상할 수 있다. 최근 프랑스의 파리대학체계가 붕괴한 사실을 참고로 해야 할 것이다. 대학교육 표준화의 시대가 지나갔다는 것이다.

'국가책임 공유성장형 대학연합체제'는 여러 대학이 독자적인 자원을 소유하지 않고 공유하는 모델이다. 그러나 대학 간 자원을 공유하는 것은 생각처럼 그렇게 쉬운 일이 아니다. 대학이 가진 자원이라면 교육과 연구를 담당하는 교수·조교 등 인적자원, 실험시설·도서관·기숙사·체육관·연습림 등 물적 자원과 명성·전통·동문·자매대학 등 사회적 자본이 있는데, 이 가운데 여러 대학이 공유할 수 있는 자원은 거의 없다. 일부 강의의 개방, 기숙사와 체육관 정도는 가능할지 모르겠다. 따라서 국가책임 공유성장형 대학연합체제는 이상에 치우친 제안으로 현실성이 부족하다.

'권역별 대학연합체제 구축안'은 원래의 대학통합네트워크안보다 발전된 측면이 있지만, 수도권과 기타지역 간 대학의 선호도에 차이가 크며 권역별로도 대학에 대한 선호도가 큰 데 이에 대한 대책이 없는 점이 한계라고 할 수 있다.

'입학보장제'는 참신한 방안이긴 하다. 그러나 이 방안 역시 상위서열 대학의 참여를 유인할 수 있는 묘책이 없다. 이미 상대적으로 넉넉한 수도권 대학에게 네트워크 참여 조건으로 더 파격적 지원을 하겠다는 것이 공정한지도 의문이다.

'대학평준화안'은 고교평준화와는 달리 고등교육 부문 내부의 이해를 얻기 쉽지 않을 것처럼 보인다. 대학은 인류문명의 발전을 위해 각각 특색 있게 발전해야 한다는 생각이 지배적이기 때문이다. 또 한 때 평준화된 운영에 가까웠던 독일과 프랑스의 대학이 과학기술과 산업발전의 새로운 추세에 조응하여 종래의 틀에서 벗어나고 있다. 여기서 볼 수 있는 바와 같이 대학별 특성화를 추구하는 최근의 대학 발전추세와도 배치된다.

모든 안들이 교육운동가들의 오랜 검토와 논의를 통해 다듬어진 소중한 방안들이다. 그러나 실제 적용에 장애물들이 많고, 그 효과에 대해서도 장담할 수 없다. 이 방안들은 대학서열의 형성과정이나 그것이 갖는 성격을 고려하지 않고, 현상적이고 기능적인 차원에서 서열해체에 접근하고 있어 한계를 노출하고 있다.

5. 대학 특성화를 통한 서열해체 방안

• 서열해체 작업의 단계

대학서열 체제는 거대한 공룡이다. 한두 가지 기발한 아이디어로 해체에 성공할 수 없다. 현상에 대한 정확한 이해와 분석 및 그에 따른 과학적 대책이 필요하다. 그리고 해체를 위해 싸우는데 상당한 시간과 노력이 필요하다는 점을 인식해야 한다.

한국의 대학서열은 대학의 소재지, 전통과 명성, 교육환경과 성과 등에 의해 형성되었다. 물론 대학서열은 영속적인 것이 아니기 때문에 사회적 가치의 비중이 변함에 따라 집단으로 또는 개별 대학 단위로 바뀌기도 한다. 오랫동안 서열 앞자리에 있던 거점국립대학들이 수도권 사립대학들보다 하위서열로 밀린 것이나, 이화여대와 숙명여대 등 여자대학이 남녀공학 대학에 역전된 것과 같은 변화가 일어난다. 변화의 가능성이 언제나 있기 때문에, 적절한 서열해체방안만 만들면 그 목표를 달성할 수 있다고 확신하는 것이다.

이러한 문제의식을 가지고 대학서열 해체로 가는 단계를 다음과 같이 설정했다.

제1단계 (대학 공정지원 체제 확립) 특정 대학에 대한 특혜와 불균등 지원을 차단하여 서열화의 요인을 해소한다. **제2단계 (정부책임형 사립대학 형성)** 사립대학의 공공성 강화를 위해 정부책임형 사립대학을 형성한다. **제3단계 (권역별 대학협력체 구축)** 권역별 대학 간 연대를 통해 권역 내 서열 해소를 추진한다. **제4단계 (대학별 특성화와 고등교육의 수월성 확보)** 개별 대학을 특성화하고 대학 교육의 질을 고르게 향상해 모든 대학이 최고 수준의 교육을 제공하게 한다.

• 제1단계: 대학 공정지원체제 확립

대학서열이 형성된 주요 원인 가운데 하나가 정부의 일부 대학에 대한 차등 지원이다. 'SKY'대학을 비롯한 수도권 거대대학에 대한 특혜가 대학 간 교육환경의 차이를 가져왔으며, 이것이 특정 대학 출신의 권력직종 및 고소득직종 독점화를 초래했다. 이것이 대학서열 고착화에 결정적 요인이 됐고, 지원을 많이 받은 대학들이 상위서열을 형성했다. 물론 이 대학들에 기득권층 자녀들이 주로 입학하고 있다. 중·저소득층 자녀들이 재학하는 대학에 대한 지원은 아주 적다. 이는 분명한 차별과 특혜이다. 이러한 방식의 지원이 계속된다면, 대학 서열화 체제는 견고히 남아 대학교육과 초·중등교육을 수렁에 빠뜨리고 저소득계층에게 좌절을 안겨줄 것이다. 교육부를 비롯한 정부 부처들과 재정기부자들은 저소득층이 주로 다니는 대학을 더 많이 지원해야 한다. 고등교육 지원에 약자(弱者)우대 원칙을 적용하는 것이 대학서열을 해소하는 기초가 될 것이다. 대학공정지원 체제의 확립이 중요하다.

앞에서 확인한 바 있지만, 이미 'SKY'대학 등 일부 대학은 학생 1인당교육비에서 OECD 평균의 2-3배에 달하는 많은 재정지원을 받고 있다. 사립대학인 미국의 하버드나 MIT 등과 비교할 수는 없지만, 주립대학들보다는 훨씬 높다. 그러나 60년 특혜 지원의 성과가 무엇인가? 대학발전에 있어 균등 지원방식보다 효과적이라는 증거를 보여주지 못하고 있다. 물론 국공립대학과 사립대학에 대해 무조건 같은 지원을 하라는 의미가 아니다. 사립대학 가운데 자격을 갖춘 대학 즉, 대학 운영의 민주성과 투명성을 갖추고 고등교육법과 사립학교법 등을 철저히 지키면서 운영 비리를 자행하지 않는 대학에만 지원해야 할 것이다. 민주적 운영을 거부하거나 필수요건을 충족시키지 못하는 대학에 대해서는 일절 지원을 중단해야 한다. 민주적이고 투명한 운영은 대학발전의 기초이다.

• 제2단계: 정부책임형 사립대학 형성

한국의 고등교육은 국공립대학이 아닌 사립대학이 중심적 위치에 있다. 2019년 현재 사립대학은 학교 수에 있어 전체 335개 대학 중 281개로서 83.9%를 차지하고 있으며, 전체 입학정원 485,592명 가운데 408,052명을 담당하여 84%를 차지한다. 사립대학을 대학서열 해체의 중심에 놓고 생각해야 하는 이유이다. 실제, 사립대학들은 대학서열의 최상위권과 최하위권을 동시에 차지하고 있다. 1980년대 이후 수도권 사립대학들은 지리적 강점을 내세워 지방거점국립대학들을 중위서열로 밀어냈지만, 지방사립대학들은 교육여건과 평판 등에서 거점국립대학들에 밀려나 하위서열에 자리하고 있다. 그래서 대학서열 해체는 사립대학을 어떻게 할 것인가에 승패가 달려 있다.

수도권 사립대학들은 대학서열 해체 작업에 참여하지 않을 가능성이 크다. 이미 상위서열에 속해 있고, 학생충원에 문제가 없으며, 적립금도 많으므로 "사학의 자주성 훼손"과 "하향평준화" 등의 논리로 기존의 서열 체제를 유지하려 할 것이다. 이에 비해 지방사립대학 중에는 교육시설 및 기타 교육여건에서 국립대학 수준에 미치지 못하는 대학이 많아서 단기간에 격차를 메우기가 어렵다. 대학의 교육여건이 서로 다르면 개별 대학에 대한 선호가 달라 서열해체는 사실상 불가능하다. 그래서 서열 해체과정에서 수도권 사립대학을 참여시키는 일과 지방사립대학의 교육여건을 개선하는 일이 중요하다.

지방사립대학들의 교육여건 확충과 공공성 강화를 위해서는 대학운영비의 50% 이상 또는 교직원의 임금을 지원받는 정부책임형 사립대학을 형성해야 한다. 입학생 수 감소가 지속되는 현실을 고려할 때, 지방사립대학들은 정부책임형 사립대학으로 발전하는 것이 훌륭한 생존전략이 되므로 참여하는 대학이 많을 것이다. 물론 전체 사립대학들이 정부책임형일 필요는 없다. 사립대학에게 정부책임형을 선택할 자유를 주어야 한다. 대학은 학생, 교수, 직원, 동문 등 이해관계자들의 의견을 수렴해서 참여 여부를 결정해야 한다. 엄격한 자격심사를 거쳐야 하는데, 여기서 중대한 사학비리가 발견되지 않아야 한다. 그래서 국가가 운영의 절반을 책임지는 정부책임형 사립대학과 정부의 재정지원을 받지 않는 독립형 사립대학으로 이원화시켜 운영하는 것이 바람직하다.

• **제3단계: 권역별 대학협력체 구축**

지역거점국립대를 중심으로 국공립대연합체제를 구축하고 다시 공영형 사립대를 이 네트워크에 연결해 대학서열을 해소하는 방안은 오랫동안 교육운동진영에서 논의를 거듭해 왔던 제도이다. 하지만 상위서열의 수도권 사립대학들을 이 네트워크에 가입시킬 방안을 찾기가 어렵다. 만일 수도권 사립대학을 제외한 나머지 권역의 대학들만으로 네트워크를 결성한다면, 이 네트워크는 마치 축구와 야구 등의 2부리그와 같아서 서열해체에 별 도움이 되지 않을 것이다.

필자는 오래전 제안한 바 있는 권역별 대학협력체(provincial higher education allience)의 구축 즉, 중심대학-협력대학 모델이 교육의 질을 높일 수 있는 좋은 모델이라고 생각한다. 광역단위 차원에서 지역의 거점국립대학과 정부책임형 사립대학들이 전공 분야별 연합체를 만들어 학부 과정과 대학원 및 연구기능을 공동으로 운영하는 것이다. 이 경우 사립대학들은 독자적 설립이념을 유지한 채 거버넌스의 개혁만으로 이 협력체에 참여할 수 있다. 참여대학은 전공을 폐쇄하거나 학문 분야를 없애지 않고 참여할 수 있다. 교수진 구성과 특성을 고려하여 특정 전공 분야에서는 특정 대학이 중심 역할을 하며 나머지 대학들이 협력대학의 역할을 하게 된다. 예를 들면, 대학이 10개 있는 어느 광역지역에서 한 대학이 특정 분야의 중심이 되면 다른 대학들이 협력대학이 되어 함께 권역별 연합체를 이루어 학생들을 함께 교육하고 연구하는 것이다. 종래의 구조조정 방식은 특정 대학에만 특정 학과를 두고 나머지 대학은 전공을 폐기하는 방식이었는데, 이는 교육/연구인력의 사장과 전공불일치 등 여러 가지 부작용을 낳았다. 그러나 권역별 대학협력체는 분야별 중심과 협력네트워크를 만들어서 운영하는 방식이어서 역내 모든 대학이 최선의 학문편제를 유지하면서 공존할 수 있는 장점이 있다. 스코틀랜드의 대학협력체 운영을 참고한 이 방안은 보론에서 자세히 설명하겠다.

• 제4단계: 대학별 특성화와 고등교육의 수월성 확보

대학이 가진 교수진과 학문편제는 그 대학의 본질이며 존재가치이다. 또 이는 한 대학을 다른 대학과 구분하는 기준이 된다. 그러나 한국의 대학들은 양적 성장을 추구한 나머지 외국 유명 대학이나 국내 다른 대학의 성공을 서로 모방하여 학문을 편제하고 교수진을 구성함으로써 대학별 특성이 사라졌다. 1970년대 중반만 하더라도 한양대 공대, 건국대 축산대, 중앙대 약대 등 대학별 특성화 분야가 있었다. 대학별 특성화를 부활하여 학문편제가 다양해지면 서로 비교가 불가능해지고 서열은 약해지기 마련이다. 지리적 특성을 반영한 권역별 대학 특성화를 통해서 이를 실천할 필요가 있다.

예를 들자면, 동일 권역에 있는 A대학은 인문학과 예술대학, B대학은 사회과학과 경영학, C대학은 자연과학과 공학, D대학은 생명과학과 농학 등으로 대학마다 2-3개의 전공분야를 중심으로 특화한다면 대학 간 서열은 자연히 사라질 것이다. 그렇다고, 모든 대학이 단과대학 체제로 운영되는 것은 바람직하지 않다. 중심 학부가 아니더라도 학생들의 균형 잡힌 교육과 학습을 위해 대학 내 전공 분야가 다양하게 편성되어 있을수록 좋다. 이런 상태에서의 운영방식은 스코틀랜드의 물리학과연합 등을 참조하면 될 것이다. 지역 내 고등교육 전체의 중심 역할을 하는 종합대학이 꼭 필요하며, 그 역할을 지역거점국립대학이 수행해야 한다.

서열해체 작업에는 첫 번째 단추를 잘 채우는 것이 중요하다. 그것은 소수 특정 대학에 몰아주던 교육재정을 균등하게 배분하여 모든 대학이 함께 발전하도록 하는 것이다. 핀란드 교육개혁의 성공이 여기에 있었다고 할 수 있다. 다음으로 정부책임형 사립대학의 구축을 통해 사학의 공공성과 공익성을 확보하는 단계가 필요하다. 그리고 권역별 대학연합체를 결성해야 하는데, 이 과정에는 중앙정부뿐만 아니라 지자체의 역할도 중요하다. 마지막 단계로 지역별로 특화된 대학 체제를 출범시키고, 모든 대학의 교육의 질을 함께 올리면 대학서열 체제는 결국 해체될 것이다.

● 수시전형은 불공정한가?

대학교육이 무상으로 제공되고 대학서열이 사라져서 정상화된 대학교육 체제가 정착되기까지 일정한 정도의 시간이 필요할 것이다. 대학서열 체제가 상당히 해체되기 이전까지 입시지옥이 완전히 없어지지 않을 것이다. 당분간 입시가 진행된다고 할 때, 이 과도기 동안 어떤 입시제도를 유지할 것인가? 수시전형은 불공정한 제도인가? 등에 대해 생각해보자.

수시전형은 지원자의 자질과 특별한 활동이 평가 기준이 되기 때문에 학생이 가진 다양한 측면을 고려해 선발할 수 있다는 장점이 있어 도입됐다. 단순화시켜 말하면, 정시는 부모의 돈이 좌우하고 수시는 개인의 특성이 좌우하는 것이다. 그러나 실제 운영과정에서 수시전형까지도 부모의 돈과 직업이 큰 힘을 발휘하고 있는 것을 알게 된 학생과 학부모들은 차라리 수능 한 가지만으로 평가받는 것이 더 공정하다고 주장하고 나섰다. 사실, 수능은 한 번의 시험으로 결정되기 때문에 실패를 만회할 방법이 없긴 하지만, 테스트의 고통은 한 번으로 끝난다. 이에 비해, 수시는 큰 돈 들이지 않고 자신만의 자료를 만들 수 있지만, 장기간에 걸쳐 자료를 계속 축적해야 하므로 약자의 고통이 오래 계속된다. 학생부종합전형은 초기의 도입목적을 상실해가고 있고, 수시전형에 대한 반대가 오히려 힘을 얻고 있다. 그러나 아래 **표 30**에서 보듯이, 수능은 고소득층에게 확실히 유리한 제도이다. 서울지역 내에서 부유층이 주로 사는 지역 고교출신과 상대적으로 중·저소득층이 주로 거주하는 고교출신의 진학을 비교한 자료를 보면 확실히 그렇다.

표 30은 경희대 입학전형연구센터가 2017년 경희대에 입학한 특정 지역 학생들이 학종과 수능 중 어느 경로로 입학했는지를 분석한 자료이다.[41] 우선 눈에 들어오는 지역은 서울 강남지역 고교출신들의 진학경로이다. 강남구 소재 고교출신 중 학종으로 입학한

---

[41] "'2015학년 입학생의 전형별 가구소득 차이'를 통해 전형별 입학생들의 국가장학금 수혜율을 분석한 결과, 애초 약자배려를 위해 설계된 사회배려대상자 고른기회 특성화고졸재직 농어촌과 함께 학생부 교과와 학생부종합전형이 소득 불평등을 완화하는 전형으로 꼽힌 반면 정시 논술 재외국민전형이 소득불평등을 심화시키는 것으로 나타났다. 정원내 일반전형으로 범위를 좁히면 국가장학금 수혜율은 ▲수시 학교생활충실자(학생부 교과) 47.2% ▲수시 지역균형(학생부교과) 46.9% ▲수시 네오르네상스 (학생부 종합) 39.7% ▲수시 논술우수자 27.7% ▲정시 수능 20.6% 순이었다. 국가장학금은 가구소득 8분위 이하까지만 차등지급됨에 따라 월소득이 852만 원이 넘은 상위 20% 가구에는 지급되지 않는다. 결국 정시, 논술 전형이 소득불평등을 심화하는 반면 학생부교과와 학생부종합등 학생부 위주전형이 소득불평등을 완화한다는 얘기다." (베리타스 알파, 「학생부종합, 불평등 완화, 경희대 신입생연구」(2016.03.13.) http://www.veritas-a.com/news/articleView.html?idxno=56461

표 30   경희대 2017학년도 지역별 학생부종합 및 수능 합격자 비교

지역			학생부종합		수능	
			합격비율	합격인원(명)	합격비율	합격인원(명)
서울	강남3구	강남구	7%	14	93%	198
		서초구	23%	22	77%	74
		송파구	36%	35	64%	63
	강북3구	강북구	79%	15	21%	4
		도봉구	69%	40	31%	18
		성북구	85%	57	15%	10
경기	과천시		33%	13	68%	27
	성남시	분당구	18%	23	82%	104
	안양시	동안구	38%	16	62%	26
	시흥시		76%	39	24%	12
	안산시		67%	62	33%	30
	이천시		92%	33	8%	3
부산	해운대구		62%	32	38%	20
	그 외 지역		74%	161	26%	57
대구	수성구		28%	19	72%	50
	그 외 지역		65%	114	35%	62

※ 지역구분은 출신고교 소재지 기준

자료출처: 경희대 입학전형연구센터(2017.8.6.)

학생은 7%에 불과하고, 93%가 수능으로 입학했다. 서초구, 송파구, 과천시, 성남시 분당구, 안양시 동안구, 부산 해운대구, 대구 수성구는 모두 지역의 대표적 고소득층 거주지역으로서 이 지역 출신 학생들의 학종을 통한 진학률은 40% 미만이었다. 이 지역의 다수 학생은 수능으로 진학했다. 이들에게는 수능이 학종보다 더 쉬운 것이다. 이에 비해 상대적으로 저소득층이 거주하는 지역인 서울의 강북구, 도봉구, 성북구와 경기의 시흥시, 안산시, 이천시 및 부산과 대구의 그 외 지역 고교의 학종 진학률은 65%에서 92%에 달했다. 이 결과를 보면, 학생부종합전형이 그래도 중·저소득층 학생들의

주된 진학 경로임을 알 수 있다. 게다가 학종은 이에 대비하기 위해 사교육기관에서 문제풀이를 반복하는 것이 아니라 정상적인 학교생활을 하게 되므로 고교교육 정상화에도 기여하는 제도라 할 수 있다. 이에 비해 수능 중심의 정시전형은 문제를 푸는 능력이 강한 학생을 선발하게 되므로 사교육이 더욱 번창하게 된다. 정시전형이 확대될수록 공교육은 위축될 것이며, 중·저소득층의 대학 입학은 더욱 어려워질 것이다. 어쨌거나 현재 시행되고 있는 모든 입시제도는 활용 능력이 뛰어난 고소득층에게 유리하다.

그러나 대다수 국민들이 속하는 중·저소득층은 현재의 입시제도를 아무리 둘러보아도 자신에게 유리하다고 생각되는 전형방법을 발견할 수 없다.…… (중략)

중·저소득층 자녀들은 고액을 들여 명품 사교육을 받는 고소득층 자녀들과는 경쟁이 되지 않지만, 그나마 자신의 순위를 지키기 위해 사교육을 받는다. 이러한 사교육은 오로지 학생의 점수 향상에만 초점을 맞추고 있을 뿐, 민주시민으로서의 자질을 함양하거나 삶을 성찰하게 하고 행복하게 만드는 교육에는 관심이 없다. 결국, 선별기능 중심으로 교육이 진행되고 마는 것이다. (박정원, 2019b)

수시전형이 문제는 있지만, 그 문제가 제도 자체에 내포된 본질적인 취약점이 아니라 대부분 운영상의 문제들이다. 입시제도가 새로 도입될 때마다 이를 자신들에게 유리하게 이용하기 위한 기득권층의 욕심이 작동하여 결국 제도 자체를 오염시키고 마는 것은 사실 어제오늘의 일이 아니다. 그래서 모든 제도가 악마화되고 만다. 그렇지만 좋은 입시안이 마련되지 않은 상태에서 정시 중심으로 급

격히 이동하는 것은 노동자와 서민 자녀들의 대학진학을 더욱 어렵
게 만들 가능성이 크다.

• 추첨 입학제 주장의 대두

대학서열을 어느 정도 해소해도 여전히 대학별 선호도의 차이는
남아있게 마련이다. 대학마다 접근성에서 다르고, 소재지의 생활·
문화적 조건이 다르고, 주위의 노동시장 여건도 차이가 나며, 무엇
보다 대학의 역사와 전통이 다르기 때문이다. 그래서 보조적 역할
을 할 여러 가지 제도나 장치들이 필요하게 되는데, 최근 대학서열
을 없애는 방안으로 미국과 영국에서 추첨제 대학입학 주장이 힘을
얻고 있다.

중·저소득층은 많은 사교육비를 지출할 수 없는 계층이다.

"교과전형이든 비교과전형이든 어떤 방식도 중·저소득층에게 유리
한 지형은 없다. 논술지도를 학교에서 받기 어렵기 때문에 논술전
형도 불리하고, 실기 역시 마찬가지다. 현재의 모든 전형은 친고소
득층이라고 해도 과언이 아니다. (중략) 그럼에도 불구하고, 한국사
회 여론은 여전히 정시확대/수시축소를 원하고 있는데, 일부 고소
득층 자녀들의 입시비리가 이 전형과 연루되어 있으며 여러 전형제
도의 장단점이 잘 알려지지 않은 탓이라 하겠다." (박정원, 2019b)

그래서 이러한 문제를 해결하기 위해 추첨제가 주장되고 있다.
규격화된 평가가 아니라 추첨제가 직접민주주의에 가장 가까운 방
식이라는 것이다.

"소크라테스가 성장했던 아테네의 민주주의를 생각해보자. 많은 점
에서 아테네 민주주의제도는 칭찬할 만하다... 실제로 아테네는 군
대 통솔직을 제외한 모든 주요 공직을 제비뽑기 방식으로 충원했다
는 점에서 그 어떤 현대사회보다도 직접민주주의에 가까운 체제였
다."(Martha Nusbaum), Not For Profit(『학교는 시장이 아니다』), 궁리,
2011)

이후 여러 학자들이 추첨이 가진 장점에 대해 생각하기 시작했
다. 마이클 센델(Michael Sandel) 역시 *The Tyranny of Merit*(『공정하
다는 착각』2020)에서 추첨제 대학입학 방식을 공정한 방식이라고 주
장하고 있다.[42] 최근 하버드대학 등 일부 대학에 지원자가 대거 집
중되면서 이들 소수의 대학을 추첨 입학제로 개혁해야 한다는 주장
들이 대두하고 있다. 하버드대 교육학 교수인 나타샤 워리쿠(Nata-
sha Warikoo 2016) 등이 대표적이다.

실제, 네덜란드 대학들의 균등한 발전에는 의과대학 입학 추첨

---

[42] 미국 아이비리그대학 입학은 세 가지 문을 통해 가능하다고 한다.
뒷문, 옆문, 정문... 뒷문은 부모의 거액기부를 통해 입학하는 것으로서
불공정하지만 합법적이다. 옆문은 부모의 소액기부에다 입학사정관이나
감독에게 뇌물을 먹여 들어가는 불법적 방법이다. 순수하게 실력으로 들
어가는 것이 정문입학이다. 정문입학은 얼핏 정당한 방식으로 보이지만,
알고 보면 부모의 재력에 의해 좌우된다. 막대한 사교육비를 들여 요트
여행을 하고, 전문 사진사를 동원해 자료를 만들며, 에세이 작성 지도를
받아 입학하는 것이다. 그러니까 결국 공정한 것은 하나도 없고, 추첨에
의한 방식만이 공정한 것이 된다. (마이클 샌델, *The Tyranny of Merit*
(『공정하다는 착각』; 함규진 옮김), 2020.)

제가 있다. 네덜란드의 9개 의과대학은 추첨제 입학제도를 시행하고 있다. 입학지원자가 많기 때문이다. 지원자가 과도하게 많지 않은 학부나 전공은 추첨제를 시행할 필요가 없다. 추첨에 의한 의대 학생선발이 좋은 결과를 낳고 있다는 내부의 분석이 많다. 이 나라에서 사교육은 필요 없는 일이 되었다.

　모든 구성원에게 공정한 기회를 보장하는 추첨제가 가장 민주적인 제도인 것은 맞지만, 대학입시에 이 제도를 도입하기 위해서는 엄청난 반발을 극복해야 한다. 대학이 학벌 형성의 중심고리이기 때문이다. 1969년 중학교 무시험배정제도 시행에 이어 1974년 고교 평준화제도가 도입됐는데, '고교생의 학력이 하향평준화 된다'라는 등 기득권층의 반발이 있었다. 그러나 이 제도는 전국으로 확산됐고, 그로부터 50년 가까운 세월이 흘렀어도 학업성적이 하향평준화 됐다는 증거는 없다. 문제는 도입 당시 '학교별 교육여건을 평준화하지 않은 상태'에서 연합고사를 통해 일정 수준 이상의 학생을 선발한 후 추첨으로 학교에 배정한데 있었다. 고교입시가 추첨제로 바뀌었지만, 대학이 철저하게 서열화된 상태에서 기득권층의 차별화 교육에 대한 선호를 해소하지 못하는 모순이 발생한 것이다. 결국 이 모순이 자사고와 특목고 등의 발흥을 가져와 교육 현장은 더욱 문제투성이가 되고 말았다. 대학서열 해소가 성공하려면 교육여건을 평준화해야 한다는 교훈을 얻을 수 있다. 어느 대학에 입학하든 학습 여건에 큰 차이가 없다면, 학생과 학부모들의 대학 추첨 배정에 대한 불만은 크게 줄어들 것이다. 대학 교육의 평준화는 불가능하지만, 대학 교육여건 평준화는 가능하고 필요한 일이다.

6. 주요국의 대학정책 변화

신자유주의 고등교육 정책의 본거지라고 할 수 있는 미국과 일본의 대학 무상교육화 추진에 관해서는 앞에서도 언급한 바 있다. 영국에서도 이미 오래전 경제학자 리오넬 로빈스(Lionnel Robbins)가 만든 『로빈스 보고서(1963)』[43]를 채택한 바 있는데, 대학교육의 공적 성격을 강화하고 교육 기회를 확대해야 한다는 내용이 담겨 있다. 대학교육을 시장에 맡겨서는 빈곤과 불평등이 사라지지 않는다고 보는 것이다. 대학교육에 관한 경제학자들의 시선이 바뀐 것이 아니라, 사회적 판단이 달라진 것이다. 저소득층의 대학교육 소외를 외면하는 한국만 그 신세가 자칫 친구들과 함께 놀다 저녁이 되어 운동장에 홀로 남겨진 아이처럼 될지도 모르겠다.

탈산업화 시대 두루뭉술한 대학은 생존이 어렵다. 특색 있는 교육과정과 교수진을 구성하고 시대변화를 선도하고 발맞추는 대학이 되기 위해서는 대학별 특성화가 필요하다. 평준화 체제라고 부를 수 있을 정도로 대학교육을 표준화했던 프랑스에서도 그 기반이 됐던 68체제의 전환을 추구하고 있다.

• 프랑스 68체제 균열 조짐

프랑스는 68혁명 이후, 파리대학을 비롯한 전국의 대학들을 단

---

[43] 1961-1964년까지 활동했던 고등교육위원회는 로빈스 경이 대표했고 Robbins Report를 발간해서 영국 고등교육의 초석을 마련했다. 주요 내용으로는 자격을 갖춘 모든 지원자에게 고등교육의 기회를 주기 위해 공급를 확대할 것을 권고한다. 위원회는 6개의 새로운 대학을 설립하고 기존의 많은 단과대학을 종합대학으로 승격시키기를 권유했다. 보고서는 영국의 고등교육체제를 계획하는데 핵심적 역할을 했다.

과대(Faculté) 중심의 대학체제에서 고등교육 및 연구를 위한 종합대학(Université)으로 개편했다. 추진자의 이름을 따서 포르(Edgar Faure) 개혁이라고 한다. 파격적이었던 이 개혁은 대학의 입학생 선별 규정과 학년 진급시험에 관한 규정을 없애는 과감한 것이었다. 이에 따라 교수대표와 학생대표로 이루어진 대학운영위원회는 자율과 참여의 정신에 따라 대학의 변화를 이끌어 나갔다. 구 파리대학교가 해체되고, 파리 시내에 제1대학에서부터 제9대학까지, 시외에 제10대학에서 제13대학이 설치되어 새로운 국립종합대학교로 재출발했다.

그러나 산업계의 대량생산체제에 대응했던 이러한 대학 체제는 특성화·다양화 시대의 도래와 더불어 흔들리기 시작했다. 2007년의 교육관계법 개정으로 자율성을 확보한 프랑스 대학들은 외부 변화에 대한 적응력을 높이기 위해 다시 독립을 원했다. 이에 따라 2012년 프랑스 남부에 소재한 프로방스 대학과 메디테라네 대학 및 폴 세잔 대학이 통합해 엑스-마르세이유 대학(AMU)이 탄생했다. 2018년 1월, 파리4대학(Paris-Sorbonne University)과 파리6대학(Université Pierre et Marie Curie)이 통합 소르본대학교(Sorbonne Université)가 창립되었는데, 이 대학은 인문학부, 과학부, 의학부 등 세 개의 학부로 구성되어 있고, 사립 경영대학원인 INSEAD 등 몇 개의 소규모 교육기관들이 협력기관으로 결합하고 있다. 2019년에는 파리5대학(Paris-Descartes)과 파리7대학(Paris-Diderot)이 통합하여 파리대학교(Université de Paris)로 출발하였다. 파리대학교를 구성했던 핵심 대학들이 떨어져 나가면서 1968년 파리대학 체제는 사실상 무너졌다.

● **독일의 대학특성화 시도**

독일 연구재단은 독일 학술위원회와 함께 자국의 대학들이 미국 아이비리그나 영국의 옥스브리지대학에 뒤지는 현실을 극복하기 위해 2006년부터 일부 대학을 엘리트대학(Universities of Excellence)으로 선정해 상당한 특혜성 재정지원을 하고 있다. 선정은 7년에 한 번씩 이루어지는데, 주로 각 대학이 제출한 특성화 사업을 심사하여 선정한다. 2019년에는 아헨대학, 베를린대학연합체(자유대학, 훔볼트대학, 베를린 공대), 본대학, 드레스덴공대, 함부르크대학, 하이델베르크대학, 칼스루에공대, 콘스탄츠대학, 루드비히 막스밀리언대학, 뮌헨공대, 튀빙겐대학 등 11개 대학이 선정되었다.[44] 이들 대학은 총1억4,800만 유로를 매년 지원받을 예정인데, 한 대학당 매년 평균 1천만 유로(약 138억 원)에서 2,800만 유로(약 386억 원)를 받게 된다. 이 기금의 75%는 연방정부에서 나오고 나머지 25%는 대학 소재지 주정부가 부담한다. 다음 선정은 2026년에 있게 된다.

미국대학들이 수많은 기부자와 동문 및 기업체의 후원을 받는 것과 달리, 독일의 대학들은 대부분 정부 재정에 의존하고 있다. 그래서 "세계적으로 경쟁력 있는 대학"을 만들기 위해 엘리트대학을 선정하여 지원하는 것이라고 하지만 이에 대한 비판이 이어지고 있다. 그러지 않아도 독일 대학들은 충분하지 못한 고등교육재정으로 인해 어려운 교육여건에서 운영해 왔는데, 그나마 소수의 엘리트대학에 지원이 집중되면 나머지 대학들은 좁은 강의실과 부실한 실험실 및 도서실 등 교육여건이 더욱 악화될 것이라는 비판이다. 그

44　2012년에 선정됐던 대학 가운데 브레멘대학, 괴팅겐대학, 쾰른대학, 프라이부르크대학 등은 탈락했다.

리고 이러한 정책이 지속되면 독일에 대학서열이 발생할 것으로 우려하는 사람들이 많다.

• 캘리포니아 공립대학체계에 대한 이해

대학서열 해소 방안으로 캘리포니아 공립대학체계를 제시하는 단체나 개인이 있다. 캘리포니아주의 공립대학은 3계층 구조로 되어 있는데, 10개의 캘리포니아대학 (UC), 23개 캠퍼스의 캘리포니아주립대학 (CSU), 및 116개의 캘리포니아 커뮤니티 컬리지(CCC)가 있다. 캘리포니아주에는 스탠퍼드 대학을 비롯하여 사립대학도 80여 곳이 있다.

그런데 캘리포니아 공립대학들이 평준화된 체제라고 생각한다면 큰 오해이다. 3계층 구조(3tier system)라고 부르는 사실만으로도 알 수 있다. 3개의 시스템 사이에는 뛰어넘을 수 없는 장벽이 존재한다. 캘리포니아대학들은 일부 서열화되어 있다. UC만 하더라도 버클리(미국랭킹 3위) − LA(12위) − 샌디에이고(14위) − 샌프란시스코(21위) − 산타바바라(42위) − 어바인(58위) − 데이비스(75위) − 산타크루즈(83위) − 리버사이드(151-200위) − 머시드(500위 밖) 등 순위가 있다. UC는 고교 성적 12.5% 이내 학생들이 진학하고, USC에는 고교 성적 33.3% 이내의 학생들이 진학한다. (김종영, 2020 참조)

캘리포니아 공립대학 체제는 대학등급에 기초하고 있는 시스템이기 때문에 이를 대학평준화 모델로 제시할 수 없다. 캘리포니아대학(UC)은 학문편제나 교수진 구성이 상이하고, 학생들의 학습 목표 역시 동일하지 않다. 대학마다 교육이념과 교육방식 등도 모두 다르다. 그래서 이를 서열이 없는 상태라 할 수 없다. 그렇지만, 캘

리포니아 공립대학 3계층 구조는 충분히 검토할 가치가 있는 고등
교육체계이다.

• 네덜란드의 의과대학 추첨입학제

네덜란드 대학의 대학들은 입학시험을 보거나 하지 않고 지원자
를 다 받아들인다. 그러나 의과대학들은 지원자가 너무 많아서 오
래전부터 추첨제로 신입생을 선발하고 있다. 성적에 따라 당첨될
확률이 조금씩 달라지기는 하지만, 추첨제는 공평한 제도로 인식되
어 국민의 지지를 얻고 있다.

네덜란드에는 모두 9개의 의과대학이 있는데 인기가 높다. 네
덜란드 의과대학의 입학은 성적 가중 추첨제로서 결정되었다. 고교
성적(GPA)이 최우수등급인 학생은 70%의 높은 당첨 확률을 갖지만,
성적이 떨어지는 학생도 추첨에 참여할 수 있으며 평균 당첨 확률
은 약 35%에 이르렀다. 전체 의과대학 입학생 수는 정부에서 관리
했지만, 지원 횟수는 제한이 없었다. 추첨제는 네덜란드 의과대학
의 신입생 선발방식으로 자리 잡았다.

그러나 성적이 뛰어난 학생들의 입학이 좌절되자 일부 학부모들
의 강력한 항의가 있었고, 2000년부터 대학이 정원의 50% 이내 범
위에서 학생선발을 할 권한을 갖게 되었다. 그러자 5개의 대학이 학
생들을 선발하기 시작했다. 선발방식은 자기소개서, 포괄적 테스트,
면접 등의 방법이 사용되었다. 아울러 이들 5개 대학은 우수한 학생
을 선발한다는 명분으로 약 10%의 학생을 성적기준으로 선발했다.
두 개의 대학은 소수인종과 성인 학생을 따로 배려했다. 물론 추첨
제에서는 이들에 대한 배려가 없었다.

신입생 선발제를 병행하는 4개 대학에서 평가를 한 결과, 3개 대

학에서는 선발로 입학한 학생들의 학업 성취도가 추첨으로 입학한 학생들과 별 차이를 보이지 않아 비용이 많이 들어가는 선발제를 폐기하였다. 나머지 한 대학은 선발제를 계속하고 있다.

영국에서도 추첨제 선발이 있었다. 가디언에 의하면, 2004년 Leeds Metropolitan 대학과 Huddersfield 대학에서 지원자가 너무 많이 몰리는 물리치료(physiotherapy)전공 학생을 추첨제로 선발했다.[45]

● 추첨 입학제가 주는 시사점

한국은 의과대학·한의과대학·치과대학·수의과대학의 신입생들이 특정 지역 출신에다 특정 계층 출신으로 단일집단화되고 있다. 그래서 한국에서 의과대학 추첨입학제 도입을 검토해야 한다. 네덜란드 대학들의 자체분석을 보면, 신입생 모집제도가 선발제가 아니라 추첨제일 때 보다 다양한 계층 출신의 학생들이 입학하여 의사들의 다양성이 높아진다. 노동자·서민의 자녀도 의사가 될 수 있는 사회가 좋은 사회이다. 반대로 의사의 자녀도 거리낌 없이 노동자가 될 수 있어야 한다. 그래서 의과대학 추첨입학제는 사회의 다양성 확대를 위해 아주 효과적인 방식이 될 수 있다. 재정지원을 통해 일부 대학에서 선발/추첨 입학제 실험을 할 필요가 있다.

45　Guardian, 「Universities use 'lottery system' to select candidates」, (2004. 4. 27)
https://www.theguardian.com/education/2004/apr/27/highereducation.accesstouniversity

제10장 **결론**

모든 국민이 자신의 꿈을 실현하며 자유롭게 살 수 있는 사회가 진정으로 행복한 사회이다. 필자는 행복을 단순한 쾌락이나 일상의 만족과 구분하고, 진정한 행복은'자신의 잠재력을 계발하는 자기실현(Self Realization)'이라고 정의한다. 이러한 입장에서 행복한 삶은 좋은 학교 교육에 더해 성실한 노력이 있을 때 가능하다. 인간의 행복한 삶을 가로막는 가장 큰 장애요인은 사회적 불평등인데, 그것은 교육 기회의 불공정에서 기인하는 바 크다.

일부 기득권층의 자녀들은 부모의 재력으로 고액의 사교육을 받고, 영재고·특목고·자사고에 입학한다. 고교졸업 후 이들이 주로 입학하는 대학은 'SKY'대학, 과학기술특성화대학(카이스트, 포항공대, 광주과학기술원, 대구경북과학기술원, 울산과기대), 수도권 사립대학, 지방 국립대학 등인데 이 대학들에 정부 부처들의 재정지원이 집중된다. 중저소득층 학생들이 주로 다니는 지방사립대학이나 전문대학과 비교해 교육비가 몇 배에 이른다. 우월한 인적자본을 갖추게 된 이들은 사회에 진출해서 부와 권력을 독점하고 있다. 대학서열을 해체하는 것은 한국 교육의 정상화를 넘어 불평등사회를 개혁하기 위해서도 꼭 필요한 과제이다.

타인의 발전 기회를 봉쇄하는 불공정한 교육을 통해 형성된 격차를 그대로 인정하는 것, 다시 말해 과정이 어떻게 됐든 결과만 좋으면 성공이라고 하는 것은 위험한 생각이다. 넷플릭스 인기 드라마 〈오징어 게임〉에서 S대 경영학과 출신으로 등장하는 머리 좋은 참가자가 착한 외국인 노동자를 속여 구슬을 뺏는 것과 같다. 슈바이처 박사의 공정개념과는 정반대의 생각이다. 게임에서 진 사람이 자신의 실수나 부족함을 인정할 때, 공정한 게임인 것이다. 모두가 서로의 능력을 인정하고 승복하며 함께 행복한 사회를 만들기 위해 게임의 규칙을 바꿔야 한다. 교육 분야에서 그것은 대학 무상교육의 시행과 대학서열 해체가 된다.

대학 무상교육은 그렇게 어려운 작업이 아니다. 저소득층의 대학교육 접근을 가능한 차단하려는 기득권층의 반대가 있지만, OECD 회원국들이 고등교육에 지원하는 만큼만 예산을 확보하면 된다. 회원국들은 대개 GDP의 1.0%를 고등교육에 지원하고 있는데 비해, 한국은 0.6%에도 채 미치지 못하고 있다. 더구나 유럽의 주요 선진국들은 대학진학률이 40-50%대라는 점을 고려한다면, 대학진학률이 84%에 이르는 한국 대학생들에게 제대로 된 교육을 공급하려면 GDP의 1.5%를 지원해야 한다. 이는 2021년 현재 11조 1천억 원인 고등교육 예산을 약 30조 원으로 인상하는 것이다. 얼핏 보면 부담하기 어려울 것 같지만, 정부 예산을 잘 조정하면 충분히 가능한 액수이다. 미국 바이든행정부는 대학 무상교육을 위해 대규모 증세를 추진하고 있다. 어쨌든 이 정도 수준이 되면 한국 대학교육의 재정 여건은 비로소 선진국들과 견줄 수 있게 되는데, 대학 무상교육도 당연히 이루어진다. 그 바탕 위에서 기초과학도 인문학도 회생할 것이다. 이 정도 지원도 하지 못하면 한국의 대학교육은 간판을 내려야 한다.

어떤 학자들은 고등교육이 공공재에 속하기 때문에 무상화되어야 한다고 말하고, 반대로 다른 학자들은 고등교육은 공공재가 아니라고 하면서 실시를 반대한다. 고등교육이 공공재(公共財)인지 아니면 시장재(市場財)인지의 논쟁은 필요 없다. 공공재나 공동선에 속하는 가치들을 판단하는 일은 전문가에 맡겨서는 안 되고 국민이 직접 판단해야 한다. 국민투표에서 국민이 결정하면 된다. 고등교육이 공공재가 되면, 청년들이 겪는 교육 기회의 불공정과 청년부채 문제 등이 현저히 개선될 것이다.

다음으로 필요한 것은 대학서열 해체를 통한 교육 대개혁이다. 이는 다음 네 개의 단계를 거쳐 완성된다.

제1단계 (대학 공정지원 체제 확립) 특정 대학에 대한 특혜를 차단하고 균등 지원 체제를 확립하여 서열화의 원인 제거

제2단계 (정부책임형 사립대학 형성) 사립대학의 공공성 강화를 위해 정부책임형 사립대학을 형성

제3단계 (권역별 대학협력체 구축) 권역별 대학협력체를 구축해 연구·교육 능력 극대화

제4단계 (대학별 특성화와 고등교육의 수월성 확보) 대학을 특성화하고 모든 대학이 고르게 최고 수준의 교육을 제공하여 서열해체 완성

인공지능과 로봇이 등장하여 산업활동에서 핵심적 지위를 차지하게 되는 기술진보 (제4차산업혁명) 과정에서 다수의 일자리가 사라지고, 빈부격차는 더욱 확대될 가능성이 커지고 있다. 이러한 대변화의 과정에서 인간으로서 존엄성을 유지하고 자신의 가치를 실현하는 일은 매우 중요하다. 시대가 필요로 하는 것은 저숙련 단순노동이 아니라 분석적 기술과 창의적 사고능력을 가진 노동인데, 이러한 능력들은 주로 대학에서 길러진다. 대학교육이 가진 의미와 무상교육의 중요성은 확실하다. 대학교육을 받을 권리는 기본권으로서 다시 선언돼야 하며, 이에 기반하여 모든 국민은 언제든지 자

신이 원할 때 대학에 입학하여 공부할 수 있어야 한다.

대학은 전국 어느 지역에 소재하고 있든지 모두 최고의 시설과 교수진을 갖추고 최고 수준의 교육을 제공하도록 개편되어야 한다. 그러기 위해서는 'SKY'대학과 일부 수도권 일부 대학에 몰아주던 재정지원을 균등화하여 대학서열 체제가 해체되도록 해야 한다. 어릴 적부터 아빠 찬스에 편승해 상위서열 대학에 입학한 학생들에게 다시 정부가 재정을 집중적으로 지원하는 것은 공정하지 않다. 대학들 역시 특성화를 통해 비교의 대상에서 벗어나야 할 것이다. 대학을 고루 발전시키기 위해서는 비슷한 수준의 교육환경을 유지하는 것이 필수조건이지만, 교수와 직원에 대한 대우에서도 차별이 있어서는 안 된다.

대학교육은 국민의 기본권으로서 중상류층의 전유물이 아니라 전 계층이 공평하게 누릴 수 있어야 한다. 한국 사회 만병의 근원인 대학서열 체제를 해체해야 초중등에서의 공교육이 정상화되고, 협동이 경쟁보다 더 좋은 가치라고 가르칠 수 있게 된다. 그리고 고질적 학벌사회가 민주평등사회로 전환될 것이다. 교육의 기회를 고소득계층이 독점하는 것은 현실의 사회적 불평등을 계속 유지하자는 것이다. 덧붙여 노동자·서민 자녀의 접근을 어렵게 하고 학벌 체제만 강화할 뿐인 로스쿨 제도는 없애거나 전면 개편돼야 한다.

대학개혁의 목표는 모든 대학을 고르게 발전시키는 것이어야 하고, 능력이 있는 모든 국민이 원하면 언제나 대학교육을 무상으로 받을 수 있게 만드는 것이 되어야 한다. 모든 국민이 진정으로 자유롭게 자신이 원하는 삶을 사는 사회는 대학개혁으로부터 시작된다.

보론

보론 1 대학 무상교육을 반대하는 주장들

1. 무상교육을 반대하는 사람들

한국에서 대학 무상교육과 관련해 정확한 여론조사를 한 적이 없어서 찬성과 반대 여론이 각각 어느 정도인지 그리고 찬성하는 집단과 반대하는 집단이 누구인지를 정확하게 알 수는 없다. 대학 무상교육에 관해 설명하면, 노동자·농민·영세 자영업자·봉급생활자 등 중·저소득계층에 속하는 사람들은 대부분 물어볼 것 없이 찬성한다. 그러나 교수·변호사·의사·고위공무원·기업가 등 고소득 계층 사람들은 상당수가 회의적 반응을 보인다. 대학 무상교육은 모든 국민에게 이익이 될 것인데, 왜 고학력·고소득층에는 반대하는 사람들이 상대적으로 많을까? 이 문제와 관련하여 잠시 미국의 상황을 살펴보자.

미국이 바이든대통령 취임과 더불어 대학 2년제 대학부터 무상교육에 들어간다고 한다. 일본 역시 2020년부터 저소득층에 대한 대학 무상교육 시행에 들어갔다. 최근 미국에서 이에 관한 여론조사가 있었는데, 여기에 나타난 찬성과 반대집단 분포가 우리의 경험과 유사하여 이를 살펴보는 것이 이해에 도움이 될 것으로 생각한다.

미국의 유명 비영리 여론조사기관인 퓨조사연구소(Pew Research Center)가 2021년 7월 8-18일까지 미국인 10,221명을 대상으로 무상교육에 대한 찬성과 반대 여부를 조사한 결과(2021.8.11)에 따르면, 미국 정부가 추진하고 있는 공립대학 재학생에 대한 무상교육 실시정책에 대해 미국인 응답자 63%가 찬성했고, 36%가 반대했다. 참고로 미국의 2년제 대학 대학생의 91%와 4년제 대학생의 68%가 공립대학에 재학하고 있다. 그리고 일부 예외를 제외하고, 공립대학은 대부분 신입생을 선발하지 않고 지원자 전체를 받아들인다.

먼저, 대학 무상교육에 대한 인종별 찬성률을 보면, 흑인들이 85%로 가장 높았고, 히스패닉(82%), 아시아계(69%) 순이었고 백인들의 찬성률이 53%로 가장 낮았다. 학력별로 보면, 학력이 낮을수록 찬성률이 높아서 고졸 이하는 69%에 이르렀으나, 대졸과 대학원 졸은 각각 56%와 57%에 머물렀다. 정치 성향별로 보면, 민주당 지지자들은 평균 85%의 압도적 찬성률을 보였으나 공화당 지지자들의 찬성률은 36%에 불과했다. 공화당 지지자들 가운데 연 소득 3만 달러 미만의 저소득층은 60%가 대학 무상교육 제공에 찬성했지만, 3-8만 달러 중간소득자는 36%에 머물렀고, 연 소득 8만 달러 이상의 고소득계층은 24%만 찬성했다.[46]

미국인들은 압도적으로 대학 무상교육을 지지하고 있기는 하다. 하지만 그 강도는 학력과 소득 계층별로 다르다. 저학력·저소득 계층들의 지지도는 높지만, 고학력·고소득계층에서는 상대적으로 반대가 많다는 사실을 알 수 있다. 한국에서는 대학 무상교육을 누가 반대하고 있을까?

첫 번째 반대그룹은 기술관료들과 보수언론에 설복당한 사람들이다. 일종의 부화뇌동형이다. 이들은 능력이 안 되면, 대학교육을

---

46   https://www.pewresearch.org/fact-tank/2021/08/11/ 참조.

포기하라는 주장을 자연스레 따른다. 공동선(common good)에 속하는 대학교육의 문제를 사회적·도덕적 관점에서 판단하지 않고, 관료들의 기술적 판단에 따른다. 한국에서 예산을 통제하는 권한을 가진 기획재정부 관료들은 대개 고소득계층 출신으로 자기 부담으로 경제학을 공부한 사람들이 대부분이다. 이들은 국민을 교육소비자로 보는데, 각자의 판단에 따라 자기 부담으로 대학교육을 받는 방식이 효율적(efficient)이라고 생각한다. 이 과정에서 기본권으로서의 고등교육이 갖는 가치는 중요하게 고려되지 않고, 효율성에 따른 판단이 기준이 된다. 기술관료들은 대부분 최상위서열대학 출신이면서 채용 고시에 합격한 경력을 보유하고 있어, 많은 국민은 이들의 능력을 높이 평가하고 있다. 그리고 이들 관료집단이 편견을 갖지 않고, 국민의 편에서 업무를 열심히 수행한다고 생각한다. 언론사 기자들에 대해서도 마찬가지다. 그래서 관료집단과 언론이 사회적 힘을 갖게 되었고, 이들이 대학 무상교육에 대한 반대 여론을 상당 부분 확산하고 있다.[47] 그러나 관료들이 공공재(public good)의 성격에 대해서 잘 알고 있을지 모르지만, 공동선의 가치에 대해서 잘 인식하고 있다고 하기는 어렵다.

마이클 샌델(Michael Sandel)은 이 문제를 다음과 같이 지적하고 있다. "그러나 우리가 겪고 있는 '기술관료 버전'의 능력주의는 능력과 도덕 판단 사이의 끈을 끊어버렸다. 이는 경제 영역에서 '공동선

---

[47] 기재부 관료들은 반값 등록금에 필요한 예산확보에도 반대하고 있다. 「유기홍 위원장 "반값등록금 예산확보에 기재부 반대… 학생들이 도와달라"」 한국대학신문(2021.08.11.) 참고

이란 GDP로 환산할 수 있는 것'이라고 간단히 정해 버렸으며, 어떤 사람의 가치는 그가 제공할 수 있는 상품이나 서비스의 경제적 가치에 달려 있다고 못 박아버렸다. 또한 정부 영역에서는 능력이란 곧 기술관료의 전문성이라고 보았다."(마이클 샌델, 『공정하다는 착각』, p.57)

어쨌든 그리하여 기술관료나 보수언론의 주장을 지지하는 사람들이 만들어졌다.

여기에다 노골적으로 말하지 않는 또 다른 문제가 있다. 바로 지위재(positional good)로서의 고등교육에 관한 것이다. 세상에는 어떤 사람이 특정한 재화를 소비하면 다른 사람의 지위나 효용이 감소하는 성격의 재화가 있다.

1995년 2월, 마이애미대학의 솔닉(Sara J. Solnick)과 하버드대학의 헤먼웨이(David Hemenway) 교수가 하버드대 공공보건대학원의 교수, 직원, 학생 총 257명을 대상으로 재미있는 조사를 했다. 모두 12개의 질문이었는데, 그 가운데 8번째 질문은 다음과 같은 내용이었다.

질문: 당신은 다음 중 어느 상태를 원하는가?

A: 당신의 자녀는 12년 학력(고졸). 다른 사람들의 자녀들은 8년 학력

B: 당신의 자녀는 16년 학력(대졸), 다른 사람들의 자녀들은 20년 학력
　　(대학원졸)

미국 최고학벌인 이들은 어떤 대답을 했을까? 놀랍게도 응답자

의 56%가 A를 원한다고 답했다. 자녀의 학력이 낮은 것보다 더 큰 문제는 자녀가 남들에게 뒤처지는 상황이라는 것이다. 또 다른 질문도 있었다.

> **질문**: 외모에서 풍기는 매력을 1(최저)-10(최고)으로 나타낼 때, 당신은 다음 중 어떤 상태를 원하는가?
> **A**: 당신 자녀의 외모는 6; 다른 사람들의 자녀는 4
> **B**: 당신 자녀의 외모는 8; 다른 사람들의 자녀는 10

이 질문에 대해서는 무려 80%가 A를 선택했다. 자녀는 A보다 B일 때 훨씬 매력적이나, 문제는 서열이다. B에서 자녀는 크게 매력적이지만 다른 사람들에 비해 쳐지는데, A에서는 자녀의 외모가 매력적이지 않아도 서열에서는 1등이다.

바로 이런 재화(서비스)들이 지위재이다. 인적자본의 크기가 돈과 권력을 획득하는데 핵심적 역할을 하는 현대 자본주의 사회에서 본인이나 자녀의 학력은 가장 확실한 지위재이다. 우리가 살면서 내용보다 서열을 중시하는 일이 더러 있다. 자녀의 학업성적에 대해 갖는 관심이 그러할 것이다. **실제 많은 학부모들은 자녀의 점수가 몇 점인가 보다, 몇 등인가에 더 관심을 둔다.** 학력과 외모 외에도 주택, 자동차, 소득 등이 지위재의 성격을 갖고 있다. 그래서 기존의 고학력·고소득자들은 새로운 고학력자의 등장을 원치 않을 가능성이 있다. 이들에게는 자신과 자신의 자녀만 대졸이고, 다른 사람은 모두 고졸 이하인 세상이 바람직한 세상일 것이다. 기득권층들에게는 부와 권력이 보장되는 지위에 타인이 올라오지 않았으면 하는 욕구가 있다. 여기서 대학교육비 고액화는 서민들의 대학교육 접근을 차단하는 기능을 하며, 기득권층의 욕구를 만족시킨다. 일종의 사다리 걷어차기라고 할 수도 있다.

한국에서는 대학 무상교육에 관한 공식 여론조사가 없어서 정확한 수치를 알 수 없지만, 필자가 만나본 바에 의하면 노동자·서민들은 대부분 조건 없는 대학 무상교육을 원하고 있었다. 이에 비해서 고학력·고소득 전문직들은 그 실시에 단서를 많이 다는 사람들이 많았다. 도입에 반대하는 사람들은 대체로 '그만한 돈이 어디 있나'라는 주장 외에도 '한국에 대학이 너무 많다. 좀 없애야 한다', '국공립대에만 적용해야 한다', '아무나 다 대학에 다닐까 봐 걱정이다'등의 이유를 대고 있다. 대학 무상교육에 필요한 재정문제는 앞에서 다 설명했으므로 나머지 주장들에 대해 살펴보기로 한다.

2. 대학이 너무 많다는 주장

● 한국의 대학 수

한국에 대학이 너무 많으니 '지잡대[48]'는 문을 닫아야 한다고 주장하는 사람들이 있고, 이러한 주장에 의외로 많은 지지자가 있다. 그러나 대학이 많다는 주장은 사실에 입각한 것이 아니다. 대학의 수는 각국의 교육정책에 따라 다른데, 인구 1백만 명당 대학 수를 비교해보면 다른 나라에 비해 대학이 많은지 아닌지 알 수 있다.

---

[48] '지잡대'라는 고약한 용어는 쓰지 않아야 한다. 지방대학에도 수많은 동시대의 젊은이들이 자신의 인생을 가꾸고 있으며, 교수와 직원들은 교육·연구와 행정에 종사하면서 밤을 새우고 있다.

참고로 2020년 6월 현재 한국의 인구는 5,180만 명이고, 대학 수는 429개교이다. 유형별 고등교육기관 수는 일반대학 191개교, 교육대학 10개교, 전문대학 136개교, 기타(산업대·방통대·사이버대·기술대 등) 47개교, 대학원대학 45개교가 있다. 인구 1백만 명당 8개 정도가 있는 셈이다.

• 유럽 주요국들의 대학 수

아래 **표 31**을 보면 알 수 있듯이, 2018/19년 현재 유럽의 인구 1백만 명당 대학 수를 보자. 먼저 프랑스에는 총 766개의 대학이 있어, 대학이 유럽에서 가장 많은데 인구 1백만 명당 11개이다. 독일

표 31　　유럽 주요 국가의 대학 수 (2018/2019)

국가	전체 대학 수	인구 1백만 명당 대학 수
프랑스	766	11
독일	476	6
우크라이나	286	7
영국(스코틀랜드 제외)	260	4
이탈리아	213	4
터키	206	3
카자흐스탄	131	7
벨기에(불어권)	129	14
네덜란드	127	7
포르투갈	113	11
루마니아	88	5
러시아	71	8
오스트리아	70	8
헝가리	65	7
조지아	63	16
슬로베니아	53	25
라트비아	15	25

자료: 유럽연합(2020), 「The European Higher Education Area in 2020」, 볼로냐이행보고서

은 총 476개의 대학이 있으므로 인 구 1백만 명당 6개의 대학이 있다. 이에 비해 라트비아와 슬로베니아는 인구 1백만 명당 25개씩의 대학을 갖고 있어 인구 대비 가장 많은 대학을 보유하고 있다. 반면, 영국(스코틀랜드 제외)은 260개의 대학이 있어, 인구 1백만 명당 대학 수가 4개에 불과하며, 이탈리아도 비슷하다.

따라서 한국의 대학이 너무 많다는 주장은 잘못된 것이다. 일부 사립대학들이 수입을 극대화하기 위해 대량공급체제 방식을 채택한 결과 대학생 수가 증가한 것이 착시현상을 일으킨 것이다. 수도권 사립대학들과 지방 일부 사립대학의 모집정원은 3,000-5,000명에 이르는데, 이는 미국의 유명 사립대학이 대체로 1,500-1,600명 정도를 선발하여 교육하는 방식과 비교된다.

소위 고등교육시장을 주도하는 수도권 일부 독과점적 대학의 모집정원을 보면, 건국대(3,553), 경희대(5,739), 고려대(4,405), 동국대(3,191), 서강대(1,886), 서울대(3,406), 서울시립대(1,822), 성균관대(4,087), 숙명여대(2,407), 연세대(4,042), 이화여대(3,367), 인하대(4,003), 중앙대(5,217), 한국외대(3,809), 한양대(3,548) 등으로서 서강대와 서울시립대를 제외하면 모두 거대한 몸집의 공룡이다.

기타 주요 사립대학 모집정원은, 홍익대(2,876), 국민대(3,393), 숭실대(3,172), 세종대(2,771), 광운대(2,023), 가천대(4,186), 영남대(4,931), 계명대(4,948), 대구대(4,482), 동아대(4,370), 경성대(3,062), 조선대(4,744), 원광대(3,697) 등으로 역시 공룡집단이다.

이에 비해, 미국 주요 사립대학의 학부 입학생 수(2020년 9월 입학 기준)는 하버드(1,650명), 예일(1,554), MIT(1,427), 프린스턴(1,155명), 스탠퍼드(1,607명), 코넬(1,369명), 시카고(1,848명)에 불과하다. 이들은 소수의 학생을 선발하여 좋은 교육환경에서 공부할 수 있게 배려하고 있다. 따라서 한국의 대학이 많은 것이 아니라, 일부 대학이 비대하여 대학생 수가 많은 것을 알 수 있다.

• 높은 진학률은 착시

사실, 한국의 대학진학률은 전문대와 일반대를 합하여 총 84%에 달해, 전 세계에서 가장 높은 수준이다. 그러나 이를 다시 뜯어봐야 한국 교육이 당면하고 있는 또 하나의 문제를 알 수 있다. **표 32**에서 보듯이, 2018년 현재 한국의 일반대학 진학률은 56%인데, 이 수치는 매우 높은 것이긴 하지만, 벨기에·그리스·슬로베니아·아일랜드·호주보다는 낮은 것이다. **문제는 전문대 진학률이 28%에 달한다는 사실이다.**[49] 즉, 전문대 진학생들이 전체 진학률을 견인하고 있다. 독일·네덜란드·벨기에·이탈리아·노르웨이·스웨덴·아이슬란드 등에는 전문대가 거의 없다. OECD 회원국 전체의 평균 전문대 진학률도 5%에 지나지 않는다.

한국에서 직업교육을 주로 담당하는 교육기관은 고등학교가 아닌 전문대인데, 이 점을 주목할 필요가 있다. 15-24세 인구 가운데 직업교육과 훈련을 전문대학에서 이수 중인 비율이 10%를 넘는 나라는 한국과 터키 외에는 없다. 이것이 **한국의 대학진학률이 높은 결정적 이유**이다. 직업을 구하는 학생들이 전문대까지 다니는 이유는 특성화고의 교육에 문제가 있기 때문일 것이다. 특성화고 교육이 분명한 목표와

---

49 이 가운데 미국의 전문대학(community college)은 직업훈련기관이기도 하지만, 기초 교육기관으로서 졸업 후 일반대학으로 진학하기 위한 목적이 훨씬 더 강하여 한국의 전문대와는 성격이 좀 다르다.

국가	전문대	일반대 (학사과정)	전문대 + 일반대
한국	28	56	84
미국	29	36	65
영국	8	50	58
칠레	30	50	80
독일	0	38	38
네덜란드	2	52	54
벨기에	1	66	67
이탈리아	1	39	40
오스트리아	29	29	58
그리스	-	65	65
터키	28	38	66
호주	-	60	60
뉴질랜드	12	41	53
스페인	27	43	70
노르웨이	3	49	52
덴마크	10	47	57
스웨덴	3	30	33
핀란드	-	42	42
아이슬란드	1	42	43
아일랜드	4	61	65
슬로베니아	18	62	80
OECD 평균	5	42	47

* Data extracted on 07 Jun 2021 12:44 UTC (GMT) from OECD.Stat.

https://stats.oecd.org/Index.aspx?DataSetCode=EAG_GRAD_ENTR_RATES

내용을 가져야 함에도, 현실의 특성화고 마지막 직업교육이라고 하기에는 불충분하다. 고도로 숙련된 기능이 필요한 시대에 독일·호주·뉴질랜드처럼 고교졸업 후 고등직업훈련원에서 직업훈련을 이수하게 하는 것도 효과적인 방법이 될 수 있다. 소위 '중등교육 다음 단계이지만 고등교육은 아닌 단계(post secondary not tertiary)'가 필요하다. 특성화고 교육이 활성화될 경우, 대학진학률은 자연스럽

게 조정될 것이다. 대학교육이 필요 없는 직종에 근무할 사람들은
이제 졸업장 획득을 얻을 목적으로 대학에 가지 않아도 될 것이다.
교양에 대한 지적 갈구를 해소하고자 하는 목적으로만 대학에 진학
하게 될 것이다.

• 직업교육 개혁의 필요성

표 33은 청소년들의 직업교육과 훈련을 주로 어느 기관이 담당
하는지 비교할 수 있는 통계이다. 여기에서 보면, 한국 학생들은
71%가 전문대에서 직업훈련을 받고 있고, 이 비율은 세계 최고이
다. 독일에서는 상당수의 청소년이 고교졸업 후 직업훈련기관에 입

표 33　직업교육 및 훈련 기관 재학생의 비율(2018)

국가 EAG2020	중학교	특성화고	고등직업훈련원 등	전문대
한국	-	29	-	71
미국	-	-	-	-
영국	19	74	-	7
프랑스	-	67	1	32
독일	10	55	35	0
네덜란드	8	88	-	4
이탈리아	-	-	-	-
스위스	-	94	4	2
일본	-	-	-	-
호주	13	41	21	24
뉴질랜드	-	46	22	32
캐나다	-	-	-	-
덴마크	-	75	-	25
스웨덴	-	83	8	10
핀란드	-	91	9	-
OECD 평균	6	67	10	17
EU23 평균	4	70	13	13

자료: OECD(2020), Education at Glance 2020

소하여 기능을 습득한다. 영국·벨기에·룩셈부르크·스웨덴·핀란드·노르웨이·멕시코 등에서는 고등학교에서 직업교육을 완성한다. OECD 회원국 전체로 볼 때도 특성화고는 평균 67%의 청소년 직업교육을 담당하고 있다.

그래서 직업교육기관에 대한 재검토와 개혁이 필요하다.

3. 과잉 진학 우려와 무임승차자의 문제

• 무임승차자에 대한 왜곡

공적 지원대책이 시행되면 무임승차자(free rider)의 문제가 발생한다고 한다. 비용을 부담하지 않고 공짜 소비만 하는 사람들이 무임승차자이다. 우리의 경우, 세금을 안 내면서 대학 무상교육을 받고자 하는 사람들이다. 필자는 수입이 적어서 대학에 갈 수 없었던 국민이 대학 무상교육의 실시로 진학할 수 있게 되면 좋은 일이라고 생각한다. 고등교육을 인간의 기본권이라고 인식한다면, 무임승차자의 증가는 오히려 박수를 받아야 한다. 어떻게 보면 무임승차자를 많이 태우기 위해 대학 무상교육을 시행하자는 것이다. 소득이 낮아 세금을 면제받는 사람도, 소액의 세금만을 내는 가정의 자녀도 모두 대학교육을 받아 사회발전에 기여하게 된다면 무상교육의 의미가 오히려 살아나는 일이다. 다행히도 교육에는 무임승차자가 거의 없다. 대학교육을 받은 자는 졸업 후 국가의 교육비 지원보다 훨씬 큰 사회적 기여를 하기 때문이다.

이미 한국의 대학진학률은 세계 최고인데, 무상교육을 시행하면 고졸자 전체가 대학에 몰려들까 걱정하는 사람들이 있다. 하지만 대학교육 비용을 생각하면 이러한 걱정은 기우에 지나지 않음을 알게 될 것이다. 고졸자가 대학에 가지 않고 취직을 하면 최저임금 정도를 임금으로 받게 된다. 2021년 최저임금은 시급 8,720원이며, 한 달 근무시간을 209시간으로 치면 월급은 1,822,480원이 된다. 고졸자가 직장에 다니지 않고 대학에 갈 경우, 포기해야 하는 월급이 최소 182만 원을 넘는다는 의미이다. 만약 4년제 대학이라면 총 87,479,040원, 2년제 대학이라면 총 43,739,520원의 수입을 포기하는 것이다. 대학교육이 그만한 가치가 없다고 생각되면, 공짜라고 해서 몰려가지는 않는다. 저소득계층 출신 학생들이 대거 진학할 것이라는 우려는 기우에 지나지 않는다는 말이다. 가난한 사람을 비하하는 시각이다. 이런 주장이나 생각이 사실과 전혀 다르다는 점은 유럽에서 이미 입증됐다. 만일, 고등교육이 국민 기본권이라면, 더 많은 사람이 소비한다고 해서 나쁜 일이라고 할 수 없다.[50]

• 무상교육은 수도권대학에 유리?

또 다른 문제 제기는, 등록금 무상화가 대학교육 비용부담을 경

---

[50] 다만, 외국인에 대한 대학 무상교육 제공은 국민적 합의가 필요하다. 유럽연합(EU)과 유럽경제공동체(EEA) 소속 국가들은 대체로 자국민과 여타 EU · EEA 국가 국민에 대해 교육적 차별을 하지 않는다. 자국 학생에 대해 무상이면, 다른 국가 출신들에게도 무상이다. 독일 · 그리스 · 노르웨이 · 슬로바키아 등은 외국인 학생들에게도 등록금을 받지 않는다. 과거 외국 국적자에게도 대학 무상교육을 제공하던 일부 국가(프랑스, 스웨덴, 영국 등)는 근래에 이를 폐지하고, 등록금을 부과하고 있다. 핀란드는 2017/2018년 입학생부터 EU · EEA출신이 아니면서 영어로 교육하는 과정에 진학하는 외국인 학생들에게 소액의 등록금을 징수하고 있다.

감시켜 지금까지 지역대학에 진학하던 학생들이 오히려 수도권으로 더 많이 진학할 것이고, 이는 지역대학의 위기를 심화시킬 수 있다는 주장이다. 이 역시 기우이다. 만약, 대학 무상교육화로 인해 지역 출신 능력 있는 학생들의 수도권대학 진학이 쉬워진다면, 그 숫자만큼 능력이 부족한 수도권 출신 학생들의 수도권대학 진학이 좌절된다는 의미이다. 수학능력에서 밀려난 수도권 학생들은 지역대학에 입학해야 할 것이다. 이런 일이야말로 계층 순환을 가져오는 훌륭한 일이 아닐 수 없다. 그래서 이 또한 괜한 걱정을 하는 것이다.

자본은 이윤극대화를 위해 노동력 공급을 통제한다. 여기에는 대학졸업자의 양적·질적 관리도 포함된다. 노동력 수요자인 개별 자본의 입장에서는 대졸자가 많으면 많을수록 좋다. 노동력 공급이 수요를 초과할수록 노동자들을 줄 세우고 값싸고 순치된 노동자를 골라서 쓸 수 있기 때문이다. 그러나 총자본의 입장에선 약간 다르다. 대학입학자의 증가는 고졸 노동자의 감소를 초래하기 때문에 바람직하지 않은 상황이 된다. 그래서 자본의 입장을 대변하는 보수언론을 통해 대학진학률이 너무 높다는 주장을 계속한다.

• 미국과 일본의 저소득층 진학 지원

미국과 일본은 시장주의 체제가 강하게 자리 잡은 국가이지만, 최근 대학교육을 시장에 맡기지 않고 국가가 무상으로 공급하는 정책을 추진하고 있다. 바이든 미국 대통령이 거액을 들여 전문대 교육을 무상화하겠다는 것은 고소득층에게 혜택을 주자는 것이 아니라, 저소득층이 대학에 많이 진학하게 하자는 정책이다. 일본에서는 2020년부터 저소득계층 출신 대학생에 대한 무상교육을 시행한 이후 이 계층의 대학진학이 증가했다. 문부과학성이 2020년 7월에 무상지원 대상자 약 6만6000 명을 조사한 결과 "무상지원이 없었다면 진학을 포기했을 것이다"라고 대답한 학생이 34·2%를 차지했다. 또한 "새 제도가 없었다면 지금 학교보다 학비나 생활비가 적게 드는 학교에 진학했다"라고 대답한 학생이 26.2%였다. 일본의 주요 언론들도 "고등교육 무상지원 제도가 진정으로 교육지원이 필요한 아이들의 진학에 긍정적인 효과를 보였다."라고 보도한 바 있다.[51]

4. 사립대생과 국공립대생

• 사립대생은 차별의 대상인가

국공립대학은 국가의 교육목적 달성을 위해 사립대학과 차별화된 교육을 제공하는 기관으로서 존재의의를 가진다. 사립대학이 운영할 수 없는 기초과학과 인문학 및 농학과 교육학 등 국가 생존에 필요한 학문을 연구하고 교육해야 한다. 이러한 목적에 동의하고 국공립대학에 진학하는 학생들은 국가의 배려와 지원을 받을 자격이 있다. 그러나 현재 한국의 국공립대학은 사립대학과 차별화된 교육을 제공하고 있지는 않다. 학문편제나 교육과정 및 졸업생의 진로 등에서 사립대학과 경쟁하고 있다. 그 결과 수도권 사립대학 〉 지방국립대학 〉 지방사립대학 〉 전문대학이라는 서열화의 중·상층부에 자리하고 있다. 등록금 수준도 사립대학과 비교해 아주 낮다.

이러한 상황에서 국공립대 재학생들에게만 무상교육을 제공하는 것은 심각한 불공정이 될 수밖에 없으며, 교육재정의 역진성을

---

51 요미우리신문(2021.04.13.) https://www.yomiuri.co.jp/kyoiku/kyoiku/news/20210413-OYT1T50123/

극대화하는 정책이다. 생각해보라! 국공립대학에 입학하면 등록금 걱정 없이 대학에 다니는데, 사립대학에 입학한 학생들은 연간 748만 원을 납부한다면 어떤 결과가 나타나겠는가? 국공립대학 재학생들은 대부분 지방사립대학 재학생들보다 고소득계층 출신이다. 국공립대 재학생들에게만 무상교육을 제공하는 정책은 한마디로 부자를 더욱 부유하게 만드는 불공정한 정책이며, 지방사립대학을 초토화시키는 반지역적인 정책이다. 국공립대학 재학생이나 사립대학 재학생을 차별하지 않고 동시에 수혜자가 되도록 해야 한다. 사립대학이 문을 닫게 할 것이 아니라, 이 기회에 사립대학생과 사립대학에 대한 지원을 강화하여 오히려 공공성을 높이는 계기로 삼아야 할 것이다.

• 사립대학 공공화의 의미

표 34는 OECD 주요회원국의 국공립대학 입학 비중이다. 한국은 전문대 2%, 일반대 23%, 석사과정 31%에 불과하여 회원국 가운데 가장 낮다. 대학진학률이 세계 최고 수준인 나라에서 대학교육을 사립대학에 거의 의존하고 있다는 의미다. 이제 이러한 틀을 바꿀 때가 됐다. 가능하면 많은 책임을 국가가 감당하도록 하여 주사보국(主私補國)에서 주국보사(主國補私)로 전환해야 한다. 그 방법은 사학의 공공화를 추진하는 것이다. 사학법인과 구성원들의 동의를 얻어 거버넌스의 전환을 약속한 사학을 공공대학으로 운영하게 하는 방법이다. 공익이사들로 법인을 개편하고, 민주화된 거버넌스를 확보하며, 대학자치를 최대한 실현하여 공공성을 강화하여야 한다. 공공대학으로 전환한 대학은 국가와 지방자치단체에서 기존의 국공립대학과 동일한 수준의 지원을 한다. 이러한 정책을 통해 사

표 34　주요국 국공립대학 입학 비중(2017/2018, %)

국가 EAG2020	국공립대학 입학비중		
	전문대	학사과정	석사과정
한국	2	23	31
프랑스	65	85	71
독일	78	86	95
오스트리아	82	77	85
슬로바키아	64	88	86
슬로베니아	72	84	91
네덜란드	36	90	65
이탈리아	-	86	89
스페인	75	73	71
포르투갈	81	79	87
스위스	11	80	95
일본	7	20	47
호주	18	92	90
뉴질랜드	55	94	97
캐나다	-	100	100
덴마크	98	99	100
스웨덴	42	94	92
핀란드	-	38	82
노르웨이	72	82	93
미국	91	68	48

자료: OECD, Education at a Glance(2020)

학의 공공화를 이룩할 수 있으며, 사학 운영자는 국가의 도움을 받아 경영 위기에서 벗어나 창학 목적을 달성할 수 있을 것이다.

• 증세가 가져올 국민 행복

한국의 고등교육은 국가의 큰 지원 없이도 1960-70년대의 산업화 과정에 필요한 인적자원을 공급하여 국가경제발전에 결정적 기여를 했다. 한국경제가 성장하면서 대학교육 이수자에 대한 수요가 계속 증가하는 가운데 대량생산체제에 맞는 인재를 공급하는 것이 대학의 기능이었다. 지방 곳곳에 사립대학들이 설립되었고, 이들이 대졸 노동력을 노동시장에 공급했다. 그러나 상당수 사학은 인재 양성이 아니라 사학법인의 영리를 목적으로 운영되었다. 대학교육에 대한 수요는 무궁무진하여 허름한 시설과 무명의 교수진에다 대학 간판만 걸어도 지원자는 언제나 줄을 섰다. 지방 유지들에게 사학 운영은 수지맞는 사업이 되었고, 정부는 대학설립준칙주의를 도입하여 이들의 대학설립을 도왔다.

사학 교육의 질적 저하는 국공립 교육의 질도 동시에 낮추는 효과를 초래했다. 이거야말로 하향평준화라고 할 수 있다. 그러나 노동력의 질보다는 양이 문제였던 당시의 산업구조에서 교육의 질은 큰 문제가 되지 않았다. 대학은 산업계가 요구하는 숫자에 맞춰 대졸 노동자를 공급하면 그것으로 충분했다. 그러나 상황이 크게 변했다. 한국경제가 다국적자본의 하청공장 역할에서 벗어나 일정 부분 독자적 기술구조를 구축한 선진경제로 이행하면서 노동력에 대한 수요가 바뀌었다. 고용주들이 창의력 있고 도전적인 노동력을 요구하고 있으며, 고등교육의 직접 수요자인 학생들도 개성 있는 삶을 살기 위해 수준 높은 수월성 교육을 원한다. 이에 부응하는 것이 대학교육 개혁의 내용이 될 것이다.

대학을 최고 수준으로 발전시키기 위해 국가는 최대한의 지원을 해야 하는데, 문제는 재정이다. 현재의 재정 능력으로는 대학발전에 필요한 지원을 할 수 없다. 사회구성원 다수가 행복한 사회를 만들기 위해서는 소득세 인상을 적극 검토해야 한다. 한국의 GDP 대비 소득세 비율은 유럽의 복지국가들에 비해 현저히 낮다. **표 35**

에서 보는 바와 같이 덴마크는 이 비율이 24.27%에 달하고 있고, 아이슬란드 14.70%, 뉴질랜드 12.80%, 스웨덴 12.23%, 핀란드 12.22% 등으로 모두 높다. 뉴질랜드를 제외하고는 모두 대학등록금을 국가가 부담한다. 참고로, 뉴질랜드는 등록금후불제를 실시하고 있다. 이들 국가의 삶의 만족도가 10점 만점에 7점대에 이르고 있어 지구상의 행복 국가라 할 수 있다.

후생경제학의 창시자 A.C. 피구가 말했듯이, 국민분배 몫 중에서 빈자에게 돌아가는 몫이 커지면 당연히 국민 행복은 증가한다. 중·저소득층에게 자녀의 1년치 대학등록금 700만 원은 엄청나게 큰돈이다. 그러나 고소득층에게 소득세 700만 원 추가납부는 그리 큰 부담이 아니다. 소득의 한계효용이 체감하기 때문이다. 그래서 소득세율이 높은 국가의 국민 행복은 높게 마련이다. 이들 국가와는 반대로 콜럼비아(1.21%), 칠레(1.48%), 터키(3.62%), 슬로바키아(3.79%), 멕시코(3.76%)와 한국(4.79%)은 GDP대비 소득세 비중이 작다. 고소득층에게서 세금을 적게 거뒀으니 빈자들을 위해 쓸 재정도 없다. 국민 행복도 낮을 수밖에 없을 것이다. 당연히 이들 국가의 삶의 만족도는 낮아서 평균 5-6점대에 머물러 있다.

참고로 OECD평균은 8.14%인데, 현재 4.79%인 한국이 이 수준으로 소득세 수입을 늘릴 수 있다면 2022년에는 최소 67조원 이상의 세금을 더 거둘 수 있게 될 것이다. 이 수입의 절반만 대학교육부문으로 돌리면 대학 무상교육을 실현하고, 교육비리 없이 민주적운영을 하는 전국의 모든 대학에 충분한 재정지원을 할 수 있고, 시간강사를 비롯한 저임금 연구자들의 경제적 처우도 개선할 수 있다.

대학서열까지 해체하면 출산율도 다시 증가할 것이다. 증세는 경제에 해가 되는 것이 아니라, 국민 행복을 증폭시키는 영양제가 될 것이다.

표 35 OECD 회원국 GDP대비 소득세 비율과 삶의 만족도 (%, 2019년)

	국가	GDP대비 소득세 비율(%)	대학등록금	삶의 만족도 (10점 만점)
소득세율 상위 5개국	덴마크	24.27	무상	7.6
	아이슬란드	14.70	무상	7.5
	뉴질랜드	12.80	등록금후불제	7.3
	스웨덴	12.23	무상	7.3
	핀란드	12.22	무상	7.6
소득세율 하위 5개국	콜롬비아	1.21	유상	6.3
	칠레	1.48	유상	6.5
	터키	3.62	무상	5.5
	슬로바키아	3.79	무상	6.2
	멕시코	3.76	유상	6.5
대한민국		4.79	유상	5.9
OECD 평균*		8.14	–	6.5

※ 출처

- 조세: OECD(2020), Revenue Statistics: Comparative tables. https://data.oecd.org/tax/tax-on-corporate-profits.htm#indicator-chart
- 삶의 만족도: OECD(2018), Better Life Index. https://stats.oecd.org/Index.aspx?DataSetCode=BLI

보론 2 사립대학의 공공화

대학교육은 국민의 기본권이며, 이를 실현할 조건의 하나가 대학교육 무상화인 점을 설명했다. 등록금 체제와 대학서열의 해체는 학벌사회의 두 축을 제거하는 것이다. 그러나 주요 거주지 인근에 대학교육 시설이 없거나 너무 멀리 떨어져 있다면 교육기본권은 그림의 떡이 될 것이다. 대학이 없는 지역에서 대학 무상교육은 의미가 없다. 따라서 대학교육 시설은 일반 국민이 대중교통을 이용하여 접근할 수 있는 거리에 존재해야 하고, 각 대학에서 제공하는 교육 서비스의 질은 모두 최고의 수준이어야 한다. 「여성에 대한 모든 형태의 차별 철폐에 관한 협약(1979)」 제10조에도 모든 종류의 교육시설에 대한 접근이 지방과 도시에 동일하게 적용되어야 한다고 규정하고 있다. 이와 같은 논지에서 지방대학들은 최고 수준의 교육을 제공할 수 있도록 발전해야 한다.

2020년 현재, 한국의 대학생 총수는 2,633,787명이다. 일반대 재학생들 가운데 총1,194,730명(전체의 60.30%)이 지방대생이며, 수도권(서울·경기·인천지역) 대학에 재학 중인 학생은 총 786,273명(39.70%)이다. 전문대생은 총 348,059명(55.98%)이 지방전문대 재학생이고, 수도권 재학생은 총 273,713(44.02%)명이다.[52] 그래서 지방대학의 위기는 한국 대학교육체계 전체를 흔드는 대혼란임을 인식해야 한다.

52　교육대생은 지방이 11,289명(72.23%) 수도권이 4,339명(27.76%)이다. 산업대 재학생은 100% 지방대학생이다.

1. 지역사립대학의 중요성

• 대학교육비의 실체

고소득계층의 학생들에게 대학등록금은 그리 부담스러운 문제
가 아니지만, 저소득계층에게 대학등록금의 크기는 아주 중요하다.
고소득계층의 학생들은 주거비용이나 학습재료비 등 대학교육에
들어가는 부대비용이 문제가 아니지만, 저소득계층에게는 이러한
비용들의 조달 문제가 등록금만큼 중요한 문제이다. 특히, 대학이
소재한 도시 주변의 주거비용이 크게 상승해 있어 저소득층 학생들
에게 실질적인 부담이 되고 있다.

코로나바이러스사태가 발생하기 전인 2018년 3월의 서울 시내
주요 대학가 원룸임대 가격을 분석한 자료에 따르면, 전용면적 33
m^2이하 원룸 월세가격은 보증금 1000만 원에 평균 54만 원에 이른
다.[53] 지방의 주요 대학 소재지들인 부산, 대전, 대구, 경산, 전주
등의 대학가 원룸은 월세 평균이 대체로 30~50만 원 정도였다. 주
거비용이 중·저소득계층 학생들에게 주는 부담을 확인할 수 있다.
2005년 '사회기반시설에 대한 민간 투자법'이 개정되어 대학부지
내에 민간이 기숙사를 지을 수 있게 됐다. 대학은 기숙사 건축비용
을 부담하지 않아도 되었고, 건설사는 시공 후 안정적인 수익을 확
보할 수 있었다. 그러나 중·저소득계층 학생들에게 사립대학 민자
기숙사는 그림의 떡이다. 대학교육연구소 조사(2017)에 의하면, 민

---

[53] 보증금을 1000만 원으로 일괄 조정해 전환한 수치이다. 서울교대
60만 원, 홍익대 55만 원, 연세대 50만 원, 건국대·숙명여대 48만 원, 한
양대 46만 원, 고려대 45만 원, 경희대 42만 원, 중앙대 41만 원, 서울대
40만 원 등이었다. (연합통신, 2019. 2. 4 보도)

대학/ 구분	1인실	2인실	(1인실 1년 비용)
연세대학교	65만5,000원	44만3,000원	786만 원
고려대학교	59만5,000원	38만7,000원	714만 원
건국대학교	58만5,000원	38만2,000원	702만 원
숭실대학교	55만1,000원	33만6,000원	661만 원
상명대학교	48만1,000원	29만 원	557만 원

관리비와 자치회비 포함. 자료: 대학교육연구소

자기숙사 중 비용이 가장 높은 연세대의 1인실 한 달 가격은 65만 5000 원으로 1년으로 환산하면 786만 원인데, 이는 같은 해 사립 일반대학 평균 등록금(737만 원)보다 높았다.

대학 무상교육이 그 의미를 살리기 위해서는 등록금 체계의 해체가 기반이 되지만, 동시에 부대비용 부담도 낮춰야 한다. 이를 위해 대학마다 저가의 기숙사를 운영하거나 지방자치단체가 공공임대주택을 건설하여 재학생들에게 공급하는 방안, 중·저소득계층 학생들에게 주거비를 직접 지급하는 방식 등이 있다. 교육부와 대학교육협의회의 대학정보공시 분석(2020년 10월) 결과를 보면, 2020년 현재 전국 대학 기숙사 수용률은 22%에 였으며, 특히 수도권 대학의 기숙사 수용률은 18.2%에 불과했다. 거기에다 2020년 주거비를 제외한 대학생들의 월평균 생활비는 59만2000 원이었으며, 조사대상 학생의 37.7%는 이 돈을 자신이 직접 번다고 대답했다(알바몬).

수도권 주요 대학의 대학생 1인당 주거비와 생활비를 합하면 한 달 평균 100만 원을 넘어서며, 그 액수가 연간 등록금보다 훨씬 높아 비수도권 지역 출신 학생들의 대학교육에 큰 장애가 되고 있다. 사립 일반대학 연간 등록금과 주거비를 포함한 생활비를 합하면 연간 2천만 원에 달해, 2021년 4인 가족 기준 중위소득 4,876,290원을 연간 소득으로 환산한 5,851만5000여 원의 1/3을 넘어선다. 이 가정에 자녀가 둘이라면 어떻게 하겠는가? 중·저소득계층 자녀들은 결국 지방대나 전문대 진학으로 발길을 돌리게 된다. 그러나 이들이 주로 진학한 지방대나 전문대에는 교육부와 다른 정부 부처의 재정지원이 아주 적다. 그래서 다시 수도권대학과 지방대학 간 불평등 재정지원 문제가 불거진다.

대학생들의 생활비 부담을 줄이는 가장 확실한 방법은 **지역마다 좋은 대학을 육성하여, 자신이 현재 사는 지역의 대학에 입학하여 교육을 받는 것**이다. 그 기반은 역시 **고등교육재정의 평등한 분배**이다. 수도권 대학 몰아주기가 지속된다면, 지방대학의 앞날은 없다. 부유한 계층이 권력과 고소득 전문직을 독점하고 서민의 자녀는 비정규직이나 실업자로 몰리고 있는 가운데, 부유한 계층의 자녀들이 다니는 수도권의 소위 명문대는 점점 빛을 발하고 서민의 자녀들이 다니는 지방대는 다 문을 닫게 생겼다.

교육기본법 제5조(교육의 자주성 등)

①국가와 지방자치단체는 교육의 자주성과 전문성을 보장하여야 하며, 지역 실정에 맞는 교육을 실시하기 위한 시책을 수립·실시하여야 한다.

전국 어느 지역의 대학이라도 모두 수준을 보장하는 품질보증제를 무상교육과 함께 시행하면 가능하다. 품질보증제라고 해서 지금처럼 정부가 직접 대학을 평가하는 시스템이어서는 곤란하며, 이를 담당할 민간 전문기구의 설립이 필요하다. 평가를 통해 교육의 질이 인정된 대학에 진학하는 학생들에게 대학등록금을 지원하면 될 것이다.

평가에는 고등교육법과 사립학교법 준수 서약, 교수1인당 학생 수, 학생1인당 교육비, 장학금이 연간 운영비에서 차지하는 비중, 공익이사와 감사 재직 여부, 과도한 이월금 여부, 학생자치기구의 위상 보장, 학습권의 보장, 교수와 직원의 교권과 노동권 확보, 시간 강사와 비정년계열 교수 및 계약직 직원에 대한 처우 수준 등이 포함되어야 하며 여기서 3개 이상의 항목에 문제가 있으면 지원대상에서 제외해야 한다.

등록금 지불 방식 가운데 가장 좋은 실시 방안은 학생 개개인에게 직접 지불하는 방안이다. 학생이 먼저 등록금을 낸 뒤, 지정된 금융기관에서 영수증을 제출하고 본인 계좌에 입금하도록 할 수 있다. 그러나 관리비가 만만치 않게 발생할 것이다. 가장 간단한 방법은 대학이 받아서 학생들에게 나누어주는 것이다. 각 대학은 등록된 학생의 수를 집계하여 행정당국에 보고하고 그에 해당하는 만큼의 기금을 대학운영비로 받으면 되며, 학생이 번거롭게 금융기관을 출입하지 않아도 된다. 대학이 이러한 과정에 개입될 경우, 대학이 얻게 될 이익이 크다. 정부가 학생의 등록금을 대납해 주므로 행정 비용이 감소하며, 돈이 없어 등록을 포기하는 학생이 줄어들어 대학의 수입이 증가할 수 있다.

2. 사립대학의 공공화

정부책임형 사립대학이란 연간 운영비의 절반 이상이나 교직원의 인건비를 국가가 지원하는 대학을 말한다. 2018회계연도 한국의 일반대학, 전문대학, 산업대학, 대학원대학, 각종학교, 원격·사이버대학 등을 모두 합한 사립대학의 운영비 지출총액은 20조1,545억 원이다. 교원보수 7조4,424억 원(36.8%), 직원보수 2조2,605억 원(11.2%), 관리운영비 2조6,022억 원(12.9%), 연구비 4,404억 원(2.2%), 학생경비 7조1,169억 원(35.3%), 입시관리비 1,984억 원(1%), 교육 외 비용 935억 원(0.5%)으로 구성되어 있다. 여기서 운영비의 절반은 10조772억 원이며, 교원과 직원의 보수총액은 9조7,030억 원이다. 어떤 방식을 택하든, 약 10조 원이면 전체 사립대학의 정부책임형 전환이 가능하다. 그런데 현재 사립대학들은 이미 약 4조1,047억 원을 국고에서 지원받고 있으므로 약 6조 원가량을 추가하면 전체 사립대학의 정부책임형 사립대학 전환이 가능하다.

그런데 모든 사립대학을 강제로 정부책임형으로 전환할 수 없으며, 전환에 동의하는 대학만 정부책임형 사립대학이 될 수 있다. 정부책임형을 선택하지 않는 대학은 정부의 재정지원을 받지 않고 독립적으로 운영하는 독립형 사립대학이 되는 것이다. 지방사립대학 다수는 정부책임형 사립대학을 선택할 가능성이 높지만, 학생충원에 어려움이 없고 적립금이 많은 수도권 사립대학 상당수는 정부책임형을 기피하고 독립형 사립대학을 선택할 가능성이 크다. 그런만큼 소요 예산은 감소하게 된다. 대략 4조 원 정도를 지원하면 정부책임형 사립대학이 완성될 수 있다고 본다. 사립대학에 대한 국고보조금을 그대로 유지하는 상태를 가정했으므로, 충분히 보수적으로 계산한 것이다.

사립학교법 제1조(목적)

이 법은 사립학교의 특수성에 비추어 그 자주성을 확보하고 공공성(公共性)을 높임으로써 사립학교의 건전한 발달을 도모함을 목적으로 한다.

공공성의 사전적 의미는 "국가나 사회의 구성원에 두루 관계하여 유익하게 작용하는 성향이나 특성"이다. 공공성을 지닌다는 것은, 사립대학도 국가나 사회의 구성원 전체에 유익하게 운영된다는 것이며, 국공립대학과 그 기능이나 본질이 다르지 않다는 의미이다.

한국사학진흥재단의 〈2020년 사립대학재정통계연보〉를 보면, 당해 연도 전체 사립대학의 교비회계 수입에서 국고보조금은 총수입 중 15.5%인 2조9,026억 원이어서 등록금 수입(10조426억 원, 53.7%)에 이어 두 번째로 비중이 컸으며, 법인전입금(1조4,055억 원, 7.5%)의 두 배에 이른다. 이런 상황이라면, 정부가 제대로 된 감독을 해야 하지 않나? 대학도 자율형사학인가? OECD에서는 쓰지 않는 용어이다.

지방대학의 위기가 오랫동안 지속돼온 까닭에 지방대학을 지원하기 위한 법률(지방대학 및 지역균형인재 육성에 관한 법률: 약칭 지방대육성법, 2014)까지 제정돼 있지만, 그 내용이 일부 인기학과에 대한 지역대학 입학기회 확대와 공무원 채용이나 공공기관 지역인재 채용확대를 열거하고 있는 정도에 불과하다. 이 정도 지원(?)으로 지방대학이 경쟁력을 확보할 수 있다고 믿는 사람은 없을 것이다.

한국 일반대학생의 85%와 전문대학생의 98%가 사립대학에 다니고 있다. 이 비율은 세계에서 가장 높은 편이다. 국공립대학과 사립대학 가운데 학문과 고등교육 발전에 더 효과적인 제도가 어떤 것인지 국민은 다 알고 있다.

• 사립대 운영의 민주성과 투명성

대학 무상교육 프로그램에 참여하려는 사립대학은 일정한 자격을 갖춰야 한다. 먼저 정밀한 검증을 통해, 심각한 사학비리 없이 투명하게 운영되고 있는지 여부, 거버넌스의 민주성 여부와 구성원들의 참여 수준, 사립학교법과 고등교육법 순수 여부, 학생과 교직원들의 학습권·교권·노동권 보장 수준 등을 집중적으로 점검해서 참여자격을 부여해야 한다.

• 교직원 인건비 관리

정부가 대학에 지급하는 기금은 여러 가지 용도로 사용될 수 있으나, 대학 교직원들의 인건비는 표준화된 수준으로 지급되어야 한다. 2017년 현재 교원과 직원의 인건비는 모두 7조7천억여 원(교원 약 6조원, 직원 약 1조7천억 원)으로 조사되고 있다. 이 액수는 전체대학의 지출총액 18조6천억 원 중 약 41%에 해당한다. 임금수준은 대체로 국공립대 수준이 될 것으로 예상할 수 있다.

교원의 지위 향상 및 교육활동 보호를 위한 특별법 약칭: 교원지위법

제3조(교원 보수의 우대)

①국가와 지방자치단체는 교원의 보수를 특별히 우대하여야 한다.

②「사립학교법」 제2조에 따른 학교법인과 사립학교 경영자는 그가
　설치·경영하는 학교 교원의 보수를 국공립학교 교원의 보수 수준

으로 유지하여야 한다.

대학이 학생등록금에 해당하는 기금을 교직원 인건비에 우선 사용한다면, 전국교수노동조합이 오래 전부터 주장해왔던 교직원 인건비 국가부담이 실현되는 것이다.(정부책임사립대학). 교수와 직원의 적정 숫자를 파악하고, 대학별 실제 재직자 수를 조사해 표준임금을 지급해야 할 것이다.

대학이 학생이나 지역사회에 많은 서비스를 제공하기 위해 교직원을 더 채용할 수는 있지만, 적정 인원을 초과한 교직원 수에 대해서는 국고 지원 불가. 즉, 자부담으로 초과인원을 채용해야 함. 대학 교수와 직원의 표준임금이 정해지면 일부 대학의 저임금구조를 해소할 수 있다.

• 비정규직과 비정년트랙에 대한 차별 해소

2019년 현재, 교원에 대한 보수 6조150억 원 가운데 88.2%인 5조3,082억 원은 전임교원의 보수이며, 비정규직교수(강사)에게 지급되는 보수는 6%인 3,618억여 원에 불과하다. 전업강사의 수가 4만여 명 정도로 추정되고 있는바, 평균 1,800만 원에 불과한 강사료 수입으로는 교수로서의 교육과 연구활동은 물론 생활자체가 불가능하다. 비정규직 교수의 지위를 가장 먼저 개선해야 한다.

전임교원 가운데 비정년트랙교수들의 지위도 상당히 열악하다. 우선 평균연봉이 일반대학 비정년은 3,000-3,500만 원 정도이고, 전문대는 1,800-2,000만 원 정도에 불과하다. 비정규직과 비정년계열 교수들에 대한 처우개선이 되지 않으면, 학문연구와 교육을 직업으로 선택할 인재를 확보하지 못하게 되어 국가적 비극이 발생하게 될 것이다. 이들 교수군(群)에 대한 처우개선에 상당한 기금 투입이 필요하다.

• 국가/지방자치단체가 사립대학 인수하여 공공화

지방사립대학 가운데 위의 조건에 동의하는 대학은 통합네트워크에 포함시켜 정부책임형 사립대학으로 운영하며, 나아가서 국가/지방자치단체에 운영권을 넘기는데 동의하는 대학은 국가/지방자치단체가 적극 인수해 운영하는 것이 바람직하다. 한국 대학생의 80%가 국공립대학에 다니고, 전문대학생의 100%가 국공립전문대학에서 공부하는 것을 목표로 삼아야 한다. 다만, 이러한 방식의 운영주체 교체에 동의하지 않는 대학은 일반재정 지원을 하지 말아야 하며, 여기서 확보된 재원으로 사립대 공공화를 실현할 수 있다.

• 스코틀랜드의 중심대학–협력대학 모델

스코틀랜드 물리학연합(Scottish Universities Physics Alliance: SUPA)은 스코틀랜드 재정위원회로부터 연구기금을 받는 공동전략을 수행하는 8개 대학 물리학과의 전략적 연합체이다. 여기에 소속된 대학들은 애버딘대학, 던디대학, 에든버러대학, 글래스고대학, 해리엇–와트대학, 세인트 앤드류스대학, 스트라스클라이드대학, 서부대학(Universities of Aberdeen, Dundee, Edinburgh, Glasgow, Heriot-Watt, St Andrews, Strathclyde and West of Scotland) 등이다.

2004년 결성되었는데, 그 목표는 대학들의 공동 발전과 수월성 추구를 통해 스코틀랜드를 물리학 연구를 선진화하기 위해서였다. 이후 SUPA는 스코틀랜드를 물리학 연구의 국제 리더로서 인정받게 했으며, 물리학 분야 대학원생들을 위한 최고의 훈련기관으로서 인정받고 있다. 이들 대학은 공동으로 여름학교를 운영하고 있으며, 미국의 스탠퍼드대학과는 광자학(포노틱) 공동과정을 운영하고 있다.

SUPA는 스코틀랜드 전역에 걸친 1,200명이 넘는 물리학자들(교수, 연구원, 대학원생 등)의 공동체이다. 전국 차원에서 당면 과제들을 해결하기 위해 연구 협업과 조정을 행한다. SUPA를 포함한 연구자 집단에 의해 스코틀랜드 연구혁신처(Research Innovation Scotland; RIS)가 출범했으며 스코틀랜드 혁신센터와 협업하고 있는데, 전체 시스템 관점에서 문제를 찾는다.

2004년에 처음 출범한 SUPA는 출범 이후 대학원을 공동운영하고 있는데, 고도로 개발되고 밀접하게 통합된 프로그램을 제공하며, 스코틀랜드 전역의 물리학 박사과정 학생들을 위해 60개의 심화기술 과정(연간 800시간 강의)을 운영하고 있다. 개별지도, 실험실반, 워크샵, 경력 워크샵, 국제 써머스쿨(SUSSP) 등을 운영한다. 이 과정들은 전체 물리학과 천문학 연구영역을 아우르는 범SUPA의 연구 테마 (천문과 우주과학, 응집 물질과 재료과학, 핵과 플라스마물리학, 분자물리학, 광자학)와 두 개의 관리 테마 (에너지 및 물리학과 생명과학) 들과 함께 운영된다. 개별 박사과정 학생은 입학 후 첫 2년 동안 심화 물리학 과정에 최소한 40시간 지도를 받아야 하며 전문기술 개발과정에 20시간 이상 참석해야 한다.

영국(UK) 내 최대 물리학 박사과정 대학원으로서 SUPA는 물리학 연구와 대학원 교육의 중심에서 활동하고 있다. SUPA대학원은 최근의 연구수월성 기본협약 이후 폭풍 성장했는데 2013/14 학년도부터 2019/2020년에 이르는 7년에 걸친 평가 기간에 1050명에 달하는 대학원생들이 학업을 시작했고 매년 111명에 달하는 박사학위가 수여됐다. 7년 전에는 이 숫자가 78명이었고 그 6년 전에는 63명에 지나지 않았다. 평가 기간 중 SUPA 대학원 박사과정 수료자가 2013/14학년도 90명에서 2019/2020학년도 150명으로 증가했다. 아울러 총 500명에 달하는 석사과정 학생들이 입학하여, 대학원 수준의 훈련과정에서 인접 전공분야로부터 도움을 받고 있다. 총 연구과제 수탁은 평가 기간 중 5억5천만 파운드(약 8,800억 원)를 초과했다.

물리학분야에서 영국(UK) 내 최대 연구 클러스터를 형성하고 있어, 케임브리지나 옥스퍼드 대학 또는 임페리얼 대학과 같은 잉글랜드의 전통 명문대들에 뒤지지 않고 스코틀랜드의 물리학 연구의 맥을 이어가고 있다.

필자는 "스코틀랜드의 중심대학-협력대학 체제 모델이 장기적 학문발전을 위한 재원배분방식에서 '선택과 집중'방식보다 우월하다고 생각한다. 지역이 대학들이 이런 방식으로 연대체제를 구축하여 공동으로 연구풀을 형성하고, 연구프로젝트를 수주하며 대학과 대학원 운영에서 단일한 조직으로 활동한다면 한계연구자의 연구역량이 모두 조직 속으로 들어오게 되어 어느 대학도 시장에서 퇴출되는 일은 없을 것"이라고 주장한 바 있다.[54]

이 방법의 장점은 확실하다. 대학별로 진행되는 기존의 구조조정방식은 경쟁력이 떨어진다고 생각하는 학과나 학문 분야를 폐기

---

54 박정원(2006), "대학특성화 및 선택과 집중 원칙의 문제", 『우리 대학, 절망에서 희망으로』, 전국교수노동조합편, 도서출판 노기연(2006).

하거나 다른 대학에 넘기는 방식이다. 이 경우, 학생들의 강력한 반발을 피할 수 없는 것은 물론 그 학과에 소속되어 있던 교수·연구인력도 퇴출되거나 사라지게 된다. 폐기되는 학과나 학부가 특정 분야에 편중될 경우, 그 대학이나 지역의 학문편제에도 심각한 불균형이 발생하게 된다. 예를 들자면, 인문학이 없는 대학이나 자연과학 분야의 교수나 학생이 없는 지역 등의 문제이다. 그래서 선택과 집중방식은 부작용이 크다. 이에 비해 이 방식은 지역대학 연합체제를 구축하게 되어 규모가 커서 연구비 수주 등에서 유리하다. 또한 지역의 연구역량이 광역권으로 커지며 전국 차원으로 확산되고 세계적 차원으로 연결될 수 있다. 그래서 지역대학의 모든 교육/연구역량이 보존된다. 희귀한 전공과 전공자의 지식과 학문이 사장되지 않고 발전할 수 있다.

스코틀랜드 물리학연합의 성공에 따라 여러 전공 분야에서 이러한 모형이 확산하고 있다. Edinburgh Strategic Alliences in Architecture, Built Environment and Panning(ESA), Edinburgh Research Partnership in Engineering and Mathematics(ERPeM), Marine Allience for Sciences and Technology for Scotland(MASTS), ScotChem, Scottish Institute for Research in Economics(SIRE), Scottish Informatics and Computer Science Allience(SICSA), Scottish Institute for Policing Research(SIPR) 에다 연구네크워크인 Interface Food and Drink, Agritech and Agriculture 등도 성업(?) 중이다.

참고문헌

교육부(2021), 「2020년 사교육비조사 결과 주요 특징 및 대응방안」, 2021.

박정원(2021), 「대학 무상교육의 사회적 효과와 대학체계 개혁의 과제」, 대학 무상교육과 고등교육 대개혁 토론회 자료집, 유기홍의원·박찬대 의원·강민정의원, 전국교수노동조합, 2021. 6. 30.

박정원(2019a), 「교육재정과 한국 대학 재정지원의 불평등 구조」, 『대학정책, 어떻게 바꿀 것인가』, 한국대학학회, 소명출판

박정원(2019b), 「고질화된 교육 불평등: 대학입시에서 대학재정까지」, 『추계 학술대회 자료집』, 한국대학학회, 2019. 9. 20

박정원(2012), 「사학거버넌스, 어떻게 개혁할 것인가」, 『사학문제의 해법을 모 색한다 - 한국 사학의 역사 현실 전망』, 사학문제해결을 위한 연구 회, 실천문학사. 2012.

박정원(2011), 「대학등록금과 대학개혁」, 『교육평론』8월호(통권225호), 2011 08.01

박정원(2009) 「한국 고등교육의 구조적 문제점과 개혁방향」, 『국제경상교육연 구』제6권 제3호, 한국국제경상교육학회, 2009. 9. 30.

박정원(2008), 「대학 재정의 공공성 강화 방안과 등록금 문제, 등록금후불제와 고등교육의 기회보장」, 『2008 한국사회포럼 논문집』, 포럼조직위 원회

박정원(2006), 「교육혁명을 이루기 위한 고등교육재정 개혁방안」, 『우리대학, 절망에서 희망으로』, 전국교수노동조합편, 노기연.

박정원(2001), 「교육시장화와 공공성」, 『교육비평』제6호, 교육비평, 2001.

구신자(2021), 『프랑스의 대학과 그랑제꼴, 세계문화교육연구소』, 서울

구인회·김정은(2015), 「대학진학에서의 계층격차: 가족소득의 역할」, 『사회복 지정책』42권 3호, 한국사회복지정책학회.

대학교육연구소(2021), 「정부재정지원 분석」, 현안 보고 통권 22호.

이강구, 허준영(2017), 한국의 재정승수 연구: 베이지안 VAR 방법을 이용하여, 경제분석 [제23권 제1호] , 한국은행.

최필선·민인식(2015), 「부모의 교육과 소득수준이 세대 간 이동성과 기회불균등에 미치는 영향」, 『시회과학연구』, 22(3), 31-56.

신광영·문수연, 「계급과 스펙경쟁」, 『한국사회학회 사회학대회 논문집』, 2012.

한국교육개발원(2017), 「교육격차 실태 종합분석」연구보고 RR 2017-07, 2017.

홍민정(2021), "공정 선발과 채용을 위한 출신학교 차별금지법 제정", 공정한 선발과 채용을 위한 출신학교 차별금지법 제정 국회토론회 발제문, 강득구·이수진·사교육걱정없는 세상 공동주최, 2021. 7. 6.

Daniel Markovits(2019), *The Meritocracy Trap* (『엘리트 세습; 서정아 옮김)』, 세종, 2020.)

David J. Deming(2019), The Economics of Free College, *RESEARCH BRIEF*, Economics for Inclusive Prosperity, June 2019.

European Commission(2020), 「The European Higher Education Area in 2020」, Bologna Process Implementation Report.

https://eacea.ec.europa.eu/national-policies/eurydice/sites/default/files/ehea_bologna_2020_chapter01.pdf

Heidi R. Gilchrist(2018), Higher Education is a Human Right, *Washington University Global Studies Law Review*, Vol 17 Issue 3.

https://openscholarship.wustl.edu/cgi/viewcontent.cgi?article=1661&-context=law_globalstudies

Hendren, Nathaniel, and Ben Sprung-Keyser(2020), "A Unified Welfare Analysis of Government Policies." *Quarterly Journal of Economics* 135 (3): 1209-1318.

https://scholar.harvard.edu/files/hendren/files/welfare_vnber.pdf

OECD(2020), Education at a Glance, OECD Indicators, OECD.

Walter W. McMahon(2018), The total return to higher education: Is there underinvestment for economic grow than development? *The Quartely Review of Economics and Finance*, 7-19-18.pdf, Elsevier

Natasha Warikoo(2016), The Diversity Bargain: And Other Paradoxes of Race, Admissions, and Meritocracy at Elite Universities, University of Chicago Press

Cathleen Stasz, Christian van Stolk(2007), The Use of Lottery Systems in School

Admissions, Working Paper WR-460-SUT, Sutton Trust, January 2007. https://www.rand.org/content/dam/rand/pubs/working_papers/2007/RAND_WR460.pdf

Margaret Cahalan, Khadish Franklin, and Mika Yamashita(2016), Is Higher Education a Human Right or a Competitive Investment Commodity?, Pell Institute for the Study of Opportunity in Higher Education.

http://pellinstitute.org/indicators/downloads/dialogues-2016_essays_Cahalan_Franklin_Yamashita.pdf

Mahmudul Islam(2021), "Why are Finns so happy?", Jul 06, 2021

https://scroll.in/article/992617/why-are-finns-so-happy-a-look-into-their-prime-ministers-life-may-have-the-answer

Pasi Sahlberg and William Doyle(2021), In Finland education is a basic civil right, Pasisahlberg.com, March 22, 2021.

https://pasisahlberg.com/in-finland-education-is-a-basic-civil-right/